MIS RECETTES INDIENNES 2022

RECETTES FACILES SANS COMPLICATION

FARAZ SATHI

Table des matières

Haricots germés Bhel

(Snack salé aux fèves germées)

Pour 4 personnes

Ingrédients

100g/3½oz de haricots mungo germés, bouillis

250g/9oz de kaala chana*, bouilli

3 grosses pommes de terre, bouillies et hachées

2 grosses tomates, hachées finement

1 oignon de taille moyenne, haché

Sel au goût

Pour la garniture :

2 cuillères à soupe de chutney à la menthe

2 cuillères à soupe de chutney de mangue chaud et sucré

4-5 cuillères à soupe de yaourt

100g/3½ oz de chips de pommes de terre, écrasées

10 g/¼oz de feuilles de coriandre, hachées

Méthode

- Mélanger tous les ingrédients ensemble, sauf les ingrédients de la garniture.

- Garnir dans l'ordre de la liste des ingrédients. Sers immédiatement.

Aloo Kachori

(Dumpling de pommes de terre frites)

Donne 15

Ingrédients

350g/12oz de farine complète

1 cuillère à soupe d'huile végétale raffinée et un peu plus pour la friture

1 cuillère à café de graines d'ajowan

Sel au goût

5 pommes de terre, bouillies et écrasées

2 cuillères à café de piment en poudre

1 cuillère à soupe de feuilles de coriandre hachées

Méthode

- Pétrir la farine, 1 cuillère à soupe d'huile, les graines d'ajowan et le sel ensemble. Répartissez en boules de la taille d'un citron vert. Aplatissez chacun entre vos paumes et mettez de côté.
- Mélanger les pommes de terre, la poudre de piment, les feuilles de coriandre et un peu de sel.
- Placer une portion de ce mélange au centre de chaque galette. Fermez en pinçant les bords ensemble.

- Faites chauffer l'huile dans une poêle. Faites frire les kachoris à feu moyen jusqu'à ce qu'ils soient dorés. Égoutter et servir chaud.

Régime alimentaire

(Crêpe diététique)

Donne 12

Ingrédients

300g/10oz mung dhal*, trempé dans 250 ml/8 fl oz d'eau pendant 3-4 heures

3-4 piments verts

2.5 cm/1in racine de gingembre

100g/3½oz de semoule

1 cuillère à soupe de crème sure

50 g de feuilles de coriandre hachées

6 feuilles de curry

Huile végétale raffinée pour le graissage

Sel au goût

Méthode

- Mélanger le dhal avec les piments verts et le gingembre. Broyer ensemble.
- Ajouter la semoule et la crème sure. Bien mélanger. Ajouter les feuilles de coriandre, les feuilles de curry et suffisamment d'eau pour faire une pâte épaisse.

- Beurrez une poêle plate et faites-la chauffer. Verser 2 cuillères à soupe de pâte dessus et étaler avec le dos d'une cuillère. Cuire 3 minutes à feu doux. Retournez et répétez.
- Répétez l'opération pour le reste de la pâte. Servir chaud.

Rouleau nutritif

Donne 8-10

Ingrédients

200g/7oz d'épinards, hachés finement

1 carotte, hachée finement

125g/4½oz de petits pois surgelés

50g/1¾oz de haricots mungo germés

3-4 grosses pommes de terre, bouillies et écrasées

2 gros oignons, hachés finement

½ cuillère à café de pâte de gingembre

½ cuillère à café de pâte d'ail

1 piment vert, haché finement

½ cuillère à café d'amchoor*

Sel au goût

½ cuillère à café de piment en poudre

3 cuillères à soupe de feuilles de coriandre finement hachées

Huile végétale raffinée pour la friture peu profonde

8-10 chapattis

2 cuillères à soupe de chutney de mangue chaud et sucré

Méthode

- Cuire à la vapeur les épinards, les carottes, les pois et les haricots mungo ensemble.
- Mélanger les légumes cuits à la vapeur avec les pommes de terre, les oignons, la pâte de gingembre, la pâte d'ail, le piment vert, l'amchoor, le sel, la poudre de piment et les feuilles de coriandre. Bien pétrir pour faire un mélange lisse.
- Façonner le mélange en petites escalopes.
- Chauffer l'huile dans une casserole. Faire frire les escalopes à feu moyen jusqu'à ce qu'elles soient dorées. Égoutter et réserver.
- Étalez un chutney de mangue chaud et sucré sur un chapatti. Placez une escalope au centre et roulez le chapatti.
- Répétez l'opération pour tous les chapattis. Servir chaud.

Sabudana Palak Doodhi Uttapam

(Crêpe au sagou, épinards et gourde)

Donne 20

Ingrédients

1 cuillère à café de toor dhal*

1 cuillère à café de mung dhal*

1 cuillère à café de haricots urad*

1 cuillère à café de masoor dhal*

3 cuillères à café de riz

100g/3½ oz de sagou grossièrement moulu

50 g d'épinards, cuits à la vapeur et moulus

gourde*, râpé

125g/4½oz besan*

½ cuillère à café de cumin moulu

1 cuillère à café de feuilles de menthe, hachées finement

1 piment vert, haché finement

½ cuillère à café de pâte de gingembre

Sel au goût

100 ml/3½ fl oz d'eau

Huile végétale raffinée pour la friture

Méthode

- Broyer ensemble le toor dhal, le mung dhal, les haricots urad, le masoor dhal et le riz. Mettre de côté.
- Faites tremper le sagou pendant 3 à 5 minutes. Égoutter complètement.
- Mélanger avec le mélange de dhal et de riz moulu.
- Ajouter les épinards, la gourde, le besan, le cumin moulu, les feuilles de menthe, le piment vert, la pâte de gingembre, le sel et suffisamment d'eau pour faire une pâte épaisse. Mettez de côté pendant 30 minutes.
- Beurrez une poêle et faites-la chauffer. Versez 1 cuillère à soupe de pâte dans le moule et étalez-la avec le dos d'une cuillère.
- Couvrir et cuire à feu moyen jusqu'à ce que le dessous soit brun clair. Retournez et répétez.
- Répétez l'opération pour le reste de la pâte. Servir chaud avec du ketchup aux tomates ou du chutney de noix de coco verte

Poha

Pour 4 personnes

Ingrédients

150g/5½oz poha*

1½ cuillère à soupe d'huile végétale raffinée

½ cuillère à café de graines de cumin

½ cuillère à café de graines de moutarde

1 grosse pomme de terre, hachée finement

2 gros oignons, tranchés finement

5-6 piments verts, hachés finement

8 feuilles de curry, grossièrement hachées

cc de curcuma

45 g de cacahuètes grillées (facultatif)

25g/peu de 1oz de noix de coco fraîche, râpée ou grattée

10 g/¼oz de feuilles de coriandre, finement hachées

1 cc de jus de citron

Sel au goût

Méthode

- Bien laver le poha. Égoutter complètement l'eau et mettre le poha de côté dans une passoire pendant 15 minutes.
- Détachez doucement les grumeaux de poha avec vos doigts. Mettre de côté.
- Chauffer l'huile dans une casserole. Ajouter le cumin et les graines de moutarde. Laissez-les crachoter pendant 15 secondes.
- Ajouter les pommes de terre hachées. Faire sauter à feu moyen pendant 2-3 minutes. Ajouter les oignons, les piments verts, les feuilles de curry et le curcuma. Cuire jusqu'à ce que les oignons soient translucides. Retirer du feu.
- Ajouter le poha, les cacahuètes grillées et la moitié des feuilles de noix de coco et de coriandre râpées. Remuer pour bien mélanger.
- Arrosez le jus de citron et le sel. Cuire à feu doux pendant 4-5 minutes.
- Garnir avec les feuilles de noix de coco et de coriandre restantes. Servir chaud.

Escalope de légumes

Donne 10-12

Ingrédients

2 oignons, hachés finement

5 gousses d'ail

cc de graines de fenouil

2-3 piments verts

10 g/¼oz de feuilles de coriandre, finement hachées

2 grosses carottes, hachées finement

1 grosse pomme de terre, hachée finement

1 petite betterave, hachée finement

50g/1¾oz de haricots verts, hachés finement

50g/1¾oz de pois verts

900 ml/1½ pintes d'eau

Sel au goût

cc de curcuma

2-3 cuillères à soupe de besan*

1 cuillère à soupe d'huile végétale raffinée et un peu plus pour la friture

50 g de chapelure

Méthode

- Broyer 1 oignon, l'ail, les graines de fenouil, les piments verts et les feuilles de coriandre en une pâte lisse. Mettre de côté.
- Mélanger les carottes, la pomme de terre, la betterave, les haricots verts et les petits pois dans une casserole. Ajouter 500 ml d'eau, le sel et le curcuma et cuire à feu moyen jusqu'à ce que les légumes soient tendres.
- Bien écraser les légumes et réserver.
- Mélanger le besan et le reste de l'eau ensemble pour former une pâte lisse. Mettre de côté.
- Faites chauffer 1 cuillère à soupe d'huile dans une casserole. Ajouter l'oignon restant et faire revenir jusqu'à ce qu'il soit translucide.
- Ajouter la pâte oignon-ail et faire revenir une minute à feu moyen en remuant continuellement.
- Ajouter la purée de légumes et bien mélanger.
- Retirer du feu et laisser refroidir.
- Divisez ce mélange en 10-12 boules. Aplatir entre vos paumes pour faire des galettes.
- Tremper les galettes dans la pâte et les rouler dans la chapelure.
- Faites chauffer l'huile dans une poêle. Faire frire les galettes jusqu'à ce qu'elles soient dorées des deux côtés.
- Servir chaud avec du ketchup.

Uppit de soja

(Snack de soja)

Pour 4 personnes

Ingrédients

1½ cuillère à soupe d'huile végétale raffinée

½ cuillère à café de graines de moutarde

2 piments verts, hachés finement

2 piments rouges, hachés finement

Pincée d'asafoetida

1 gros oignon, haché finement

2,5 cm de racine de gingembre, coupée en julienne

10 gousses d'ail, hachées finement

6 feuilles de curry

100g/3½oz de semoule de soja*, rôti à sec

100g/3½oz de semoule, rôtie à sec

200g/7oz de pois

500 ml d'eau chaude

cc de curcuma

1 cuillère à café de sucre

1 cuillère à café de sel

1 grosse tomate, hachée finement

2 cuillères à soupe de feuilles de coriandre, hachées finement

15 raisins secs

10 noix de cajou

Méthode

- Chauffer l'huile dans une casserole. Ajouter les graines de moutarde. Laissez-les crachoter pendant 15 secondes.
- Ajouter les piments verts, les piments rouges, l'asafoetida, l'oignon, le gingembre, l'ail et les feuilles de curry. Faire revenir à feu moyen pendant 3 à 4 minutes en remuant fréquemment.
- Ajouter la semoule de soja, la semoule et les petits pois. Cuire jusqu'à ce que les deux sortes de semoule deviennent dorées.
- Ajouter l'eau chaude, le curcuma, le sucre et le sel. Cuire à feu moyen jusqu'à ce que l'eau sèche.
- Garnir avec la tomate, les feuilles de coriandre, les raisins secs et les noix de cajou.
- Servir chaud.

Upma

(Plat de petit-déjeuner à la semoule)

Pour 4 personnes

Ingrédients

1 cuillère à soupe de ghee

150g/5½oz de semoule

1 cuillère à soupe d'huile végétale raffinée

cc de graines de moutarde

1 cuillère à café d'urad dhal*

3 piments verts, coupés dans le sens de la longueur

8-10 feuilles de curry

1 oignon de taille moyenne, haché finement

1 tomate de taille moyenne, hachée finement

750 ml/1¼ pintes d'eau

1 cuillère à café bombée de sucre

Sel au goût

50 g de pois en conserve (facultatif)

25 g/peu de feuilles de coriandre, hachées finement

Méthode

- Faites chauffer le ghee dans une poêle. Ajouter la semoule et faire frire en remuant fréquemment jusqu'à ce que la semoule devienne dorée. Mettre de côté.
- Chauffer l'huile dans une casserole. Ajouter les graines de moutarde, l'urad dhal, les piments verts et les feuilles de curry. Faites frire jusqu'à ce que l'urad dhal devienne brun.
- Ajouter l'oignon et faire revenir à feu doux jusqu'à ce qu'il soit translucide. Ajouter la tomate et faire revenir encore 3-4 minutes.
- Ajouter l'eau et bien mélanger. Cuire à feu moyen jusqu'à ce que le mélange commence à bouillir. Bien mélanger.
- Ajouter le sucre, le sel, la semoule et les petits pois. Bien mélanger.
- Cuire à feu doux en remuant continuellement pendant 2-3 minutes.
- Décorez avec les feuilles de coriandre. Servir chaud.

Vermicelle Upma

(Vermicelles à l'oignon)

Pour 4 personnes

Ingrédients

3 cuillères à soupe d'huile végétale raffinée

1 cuillère à café de mung dhal*

1 cuillère à café d'urad dhal*

cc de graines de moutarde

8 feuilles de curry

10 cacahuètes

10 noix de cajou

1 pomme de terre moyenne, hachée finement

1 grosse carotte, hachée finement

2 piments verts, hachés finement

1 cm/½ de racine de gingembre, haché finement

1 gros oignon, haché finement

1 tomate, hachée finement

50g/1¾oz de petits pois surgelés

Sel au goût

1 litre/1¾ pintes d'eau

200g/7oz de vermicelles

2 cuillères à soupe de ghee

Méthode

- Chauffer l'huile dans une casserole. Ajouter le mung dhal, l'urad dhal, les graines de moutarde et les feuilles de curry. Laissez-les crachoter pendant 30 secondes.
- Ajouter les cacahuètes et les noix de cajou. Faire frire à feu moyen jusqu'à coloration dorée.
- Ajouter la pomme de terre et la carotte. Frire pendant 4-5 minutes.
- Ajouter les piments, le gingembre, l'oignon, la tomate, les pois et le sel. Cuire à feu moyen en remuant fréquemment jusqu'à ce que les légumes soient tendres.
- Ajouter l'eau et porter à ébullition. Bien mélanger.
- Ajouter les vermicelles en remuant continuellement pour éviter la formation de grumeaux.
- Couvrir avec un couvercle et cuire à feu doux pendant 5 à 6 minutes.
- Ajouter le ghee et bien mélanger. Servir chaud.

Bonda

(Côtelette de pomme de terre)

Donne 10

Ingrédients

5 cuillères à soupe d'huile végétale raffinée et un supplément pour la friture

½ cuillère à café de graines de moutarde

2,5 mm/1 po de racine de gingembre, finement hachée

2 piments verts, hachés finement

50 g de feuilles de coriandre finement hachées

1 gros oignon, haché finement

4 pommes de terre moyennes, bouillies et écrasées

1 grosse carotte, hachée finement et bouillie

125g/4½oz de pois en conserve

Pincée de curcuma

Sel au goût

1 cc de jus de citron

250g/9oz de besan*

200 ml d'eau

½ cuillère à café de levure chimique

Méthode

- Faites chauffer 4 cuillères à soupe d'huile dans une casserole. Ajouter les graines de moutarde, le gingembre, les piments verts, les feuilles de coriandre et l'oignon. Faire revenir à feu moyen en remuant de temps en temps jusqu'à ce que l'oignon brunisse.
- Ajouter les pommes de terre, la carotte, les petits pois, le curcuma et le sel. Cuire à feu doux pendant 5 à 6 minutes en remuant de temps en temps.
- Arrosez de jus de citron et divisez le mélange en 10 boules. Mettre de côté.
- Mélanger le besan, l'eau et la levure avec 1 cuillère à soupe d'huile pour faire la pâte.
- Chauffer l'huile dans une casserole. Tremper chaque boule de pomme de terre dans la pâte et faire frire à feu moyen jusqu'à ce qu'elle soit dorée.
- Servir chaud.

Dhokla instantané

(Gâteau salé instantané cuit à la vapeur)

Donne 15-20

Ingrédients

250g/9oz de besan*

1 cuillère à café de sel

2 cuillères à soupe de sucre

2 cuillères à soupe d'huile végétale raffinée

½ cuillère à soupe de jus de citron

240 ml/8 fl oz d'eau

1 cuillère à soupe de levure chimique

1 cc de graines de moutarde

2 piments verts, coupés dans le sens de la longueur

Quelques feuilles de curry

1 cuillère à soupe d'eau

2 cuillères à soupe de feuilles de coriandre, hachées finement

1 cuillère à soupe de noix de coco fraîche, râpée

Méthode

- Mélanger le besan, le sel, le sucre, 1 cuillère à soupe d'huile, le jus de citron et l'eau pour obtenir une pâte lisse.
- Beurrer un moule à cake rond de 20 cm.
- Ajouter la levure chimique à la pâte. Bien mélanger et verser aussitôt dans le moule beurré. Cuire à la vapeur pendant 20 minutes.
- Percez avec une fourchette pour vérifier si c'est fait. Si la fourchette ne ressort pas propre, repasser à la vapeur pendant 5 à 10 minutes. Mettre de côté.
- Faites chauffer le reste d'huile dans une casserole. Ajouter les graines de moutarde. Laissez-les crachoter pendant 15 secondes.
- Ajouter les piments verts, les feuilles de curry et l'eau. Cuire à feu doux pendant 2 minutes.
- Versez ce mélange sur le dhokla et laissez-le s'imprégner du liquide.
- Garnir de feuilles de coriandre et de noix de coco râpée.
- Couper en carrés et servir avec un chutney à la menthe

Dhal Maharani

(Lentilles noires et haricots rouges)

Pour 4 personnes

Ingrédients

150g/5½oz urad dhal*

2 cuillères à soupe de haricots rouges

1,4 litre/2½ pintes d'eau

Sel au goût

1 cuillère à soupe d'huile végétale raffinée

½ cuillère à café de graines de cumin

1 gros oignon, haché finement

3 tomates moyennes, hachées

1 cuillère à café de pâte de gingembre

½ cuillère à café de pâte d'ail

½ cuillère à café de piment en poudre

½ cuillère à café de garam masala

120 ml de crème liquide fraîche

Méthode

- Faire tremper l'urad dhal et les haricots rouges ensemble pendant la nuit. Égoutter et cuire ensemble dans une casserole avec l'eau et le sel pendant 1 heure à feu moyen. Mettre de côté.
- Chauffer l'huile dans une casserole. Ajouter les graines de cumin. Laissez-les crachoter pendant 15 secondes.
- Ajouter l'oignon et faire revenir à feu moyen jusqu'à ce qu'il soit doré.
- Ajouter les tomates. Bien mélanger. Ajouter la pâte de gingembre et la pâte d'ail. Faire frire 5 minutes.
- Ajouter le mélange de dhal et de haricots cuits, la poudre de piment et le garam masala. Bien mélanger.
- Ajouter la crème. Laisser mijoter 5 minutes en remuant fréquemment.
- Servir chaud avec du naan ou du riz vapeur

Milagu Kuzhambu

(Fractionner le gramme rouge dans une sauce au poivre)

Pour 4 personnes

Ingrédients

2 cuillères à café de ghee

2 cuillères à café de graines de coriandre

1 cuillère à soupe de pâte de tamarin

1 cuillère à café de poivre noir moulu

¼ cuillère à café d'asafoetida

Sel au goût

1 cuillère à soupe de toor dhal*, cuit

1 litre/1¾ pintes d'eau

cc de graines de moutarde

1 piment vert, haché

cc de curcuma

10 feuilles de curry

Méthode

- Faites chauffer quelques gouttes de ghee dans une casserole. Ajouter les graines de coriandre et faire revenir à feu moyen pendant 2 minutes. Refroidir et broyer.
- Mélanger avec la pâte de tamarin, le poivre, l'asafoetida, le sel et le dhal dans une grande casserole.
- Ajouter l'eau. Bien mélanger et porter à ébullition à feu moyen. Mettre de côté.
- Faites chauffer le reste du ghee dans une casserole. Ajouter les graines de moutarde, le piment vert, le curcuma et les feuilles de curry. Laissez-les crachoter pendant 15 secondes.
- Ajoutez ceci au dhal. Servir chaud.

Dhal Hariyali

(Légumes-feuilles avec Split Bengal Gram)

Pour 4 personnes

Ingrédients

300g/10oz toor dhal*

1,4 litre/2½ pintes d'eau

Sel au goût

2 cuillères à soupe de ghee

1 cuillère à café de graines de cumin

1 oignon, haché finement

½ cuillère à café de pâte de gingembre

½ cuillère à café de pâte d'ail

½ cuillère à café de curcuma

50g/1oz d'épinards, hachés

10 g/¼oz de feuilles de fenugrec, hachées finement

25g/peu de feuilles de coriandre 1oz

Méthode

- Cuire le dhal avec l'eau et le sel dans une casserole pendant 45 minutes en remuant fréquemment. Mettre de côté.
- Faites chauffer le ghee dans une casserole. Ajouter les graines de cumin, l'oignon, la pâte de gingembre, la pâte d'ail et le curcuma. Faire revenir 2 minutes à feu doux sans cesser de remuer.
- Ajouter les épinards, les feuilles de fenugrec et les feuilles de coriandre. Bien mélanger et laisser mijoter 5-7 minutes.
- Servir chaud avec du riz vapeur

Dhalcha

(Split Bengal Gram avec Agneau)

Pour 4 personnes

Ingrédients

150g/5½oz de chana dhal*

150g/5½oz toor dhal*

2,8 litres/5 pintes d'eau

Sel au goût

2 cuillères à soupe de pâte de tamarin

2 cuillères à soupe d'huile végétale raffinée

4 gros oignons, hachés

5 cm/2 po de racine de gingembre, râpé

10 gousses d'ail, pilées

750g/1lb 10oz d'agneau, haché

1,4 litre/2½ pintes d'eau

3-4 tomates, hachées

1 cuillère à café de piment en poudre

1 cuillère à café de curcuma

1 cuillère à café de garam massala

20 feuilles de curry

25 g/peu de feuilles de coriandre, hachées finement

Méthode

- Cuire les dhals avec l'eau et le sel pendant 1 heure à feu moyen. Ajouter la pâte de tamarin et bien écraser. Mettre de côté.
- Chauffer l'huile dans une casserole. Ajouter les oignons, le gingembre et l'ail. Faire frire à feu moyen jusqu'à coloration. Ajouter l'agneau et remuer constamment jusqu'à ce qu'il soit brun.
- Ajouter de l'eau et laisser mijoter jusqu'à ce que l'agneau soit tendre.
- Ajouter les tomates, la poudre de piment, le curcuma et le sel. Bien mélanger. Cuire encore 7 minutes.
- Ajouter le dhal, le garam masala et les feuilles de curry. Bien mélanger. Laisser mijoter 4-5 minutes.
- Décorez avec les feuilles de coriandre. Servir chaud.

Tarkari Dhalcha

(Fente de Bengal Gramme avec Légumes)

Pour 4 personnes

Ingrédients

150g/5½oz de chana dhal*

150g/5½oz toor dhal*

Sel au goût

3 litres/5¼ pintes d'eau

10g/¼oz de feuilles de menthe

10g/¼oz de feuilles de coriandre

2 cuillères à soupe d'huile végétale raffinée

½ cuillère à café de graines de moutarde

½ cuillère à café de graines de cumin

Pincée de graines de fenugrec

Pincée de graines de kalonji*

2 piments rouges secs

10 feuilles de curry

½ cuillère à café de pâte de gingembre

½ cuillère à café de pâte d'ail

½ cuillère à café de curcuma

1 cuillère à café de piment en poudre

1 cuillère à café de pâte de tamarin

500g/1lb 2oz de citrouille, finement coupée en dés

Méthode

- Cuire les deux dhals avec le sel, 2,5 litres/4 pintes d'eau et la moitié de la menthe et de la coriandre dans une casserole à feu moyen pendant 1 heure. Broyer en une pâte épaisse. Mettre de côté.
- Chauffer l'huile dans une casserole. Ajouter la moutarde, le cumin, le fenugrec et les graines de kalonji. Laissez-les crachoter pendant 15 secondes.
- Ajouter les piments rouges et les feuilles de curry. Faire revenir à feu moyen pendant 15 secondes.
- Ajouter la pâte de dhal, la pâte de gingembre, la pâte d'ail, le curcuma, la poudre de piment et la pâte de tamarin. Bien mélanger. Cuire à feu moyen en remuant fréquemment pendant 10 minutes.
- Ajouter le reste d'eau et le potiron. Laisser mijoter jusqu'à ce que le potiron soit cuit.
- Ajouter les feuilles de menthe et de coriandre restantes. Cuire 3-4 minutes.
- Servir chaud.

Dhokar Dhalna

(Cubes de dhal frits au curry)

Pour 4 personnes

Ingrédients

600g/1lb 5oz chana dhal*, trempé toute la nuit

120 ml d'eau

Sel au goût

4 cuillères à soupe d'huile végétale raffinée et un peu plus pour la friture

3 piments verts, hachés

½ cuillère à café d'asafoetida

2 gros oignons, hachés finement

1 feuille de laurier

1 cuillère à café de pâte de gingembre

1 cuillère à café de pâte d'ail

1 cuillère à café de piment en poudre

cc de curcuma

1 cuillère à café de garam massala

1 cuillère à soupe de feuilles de coriandre, hachées finement

Méthode

- Broyer le dhal avec l'eau et un peu de sel en une pâte épaisse. Mettre de côté.
- Faites chauffer 1 cuillère à soupe d'huile dans une casserole. Ajouter les piments verts et l'asafoetida. Laissez-les crachoter pendant 15 secondes. Incorporer la pâte de dhal et un peu plus de sel. Bien mélanger.
- Étaler ce mélange sur une plaque pour qu'il refroidisse. Couper en morceaux de 2,5 cm/1 po.
- Faites chauffer l'huile de friture dans une casserole. Faites frire les morceaux jusqu'à ce qu'ils soient dorés. Mettre de côté.
- Faites chauffer 2 cuillères à soupe d'huile dans une casserole. Faire revenir les oignons jusqu'à coloration. Broyez-les en une pâte et mettez de côté.
- Faites chauffer 1 cuillère à soupe d'huile restante dans une casserole. Ajouter la feuille de laurier, les morceaux de dhal frits, la pâte d'oignon frit, la pâte de gingembre, la pâte d'ail, la poudre de piment, le curcuma et le garam masala. Ajouter suffisamment d'eau pour couvrir les morceaux de dhal. Bien mélanger et laisser mijoter 7 à 8 minutes.
- Décorez avec les feuilles de coriandre. Servir chaud.

Varan

(Simple Split Red Gram Dhal)

Pour 4 personnes

Ingrédients

300g/10oz toor dhal*

2,4 litres/4 pintes d'eau

¼ cuillère à café d'asafoetida

½ cuillère à café de curcuma

Sel au goût

Méthode

- Cuire tous les ingrédients dans une casserole pendant environ 1 heure à feu moyen.
- Servir chaud avec du riz vapeur

Doux Dhal

(Sweet Split Red Gram)

Pour 4-6 personnes

Ingrédients

300g/10oz toor dhal*

2,5 litres/4 pintes d'eau

Sel au goût

cc de curcuma

Une grosse pincée d'asafoetida

½ cuillère à café de piment en poudre

Morceau de jaggery de 5 cm/2 pouces*

2 cuillères à café d'huile végétale raffinée

cc de graines de cumin

cc de graines de moutarde

2 piments rouges secs

1 cuillère à soupe de feuilles de coriandre, hachées finement

Méthode

- Laver et cuire le toor dhal avec l'eau et le sel dans une casserole à feu doux pendant 1 heure.
- Ajouter le curcuma, l'asafoetida, la poudre de piment et le jaggery. Cuire 5 minutes. Bien mélanger. Mettre de côté.
- Dans une petite casserole, chauffer l'huile. Ajouter les graines de cumin, les graines de moutarde et les piments rouges secs. Laissez-les crachoter pendant 15 secondes.
- Versez ceci dans le dhal et mélangez bien.
- Décorez avec les feuilles de coriandre. Servir chaud.

Dhal aigre-doux

(Sweet and Sour Split Red Gram)

Pour 4-6 personnes

Ingrédients

300g/10oz toor dhal*

2,4 litres/4 pintes d'eau

Sel au goût

cc de curcuma

¼ cuillère à café d'asafoetida

1 cuillère à café de pâte de tamarin

1 cuillère à café de sucre

2 cuillères à café d'huile végétale raffinée

½ cuillère à café de graines de moutarde

2 piments verts

8 feuilles de curry

1 cuillère à soupe de feuilles de coriandre, hachées finement

Méthode

- Cuire le toor dhal dans une casserole avec l'eau et le sel à feu moyen pendant 1 heure.
- Ajouter le curcuma, l'asafoetida, la pâte de tamarin et le sucre. Cuire 5 minutes. Mettre de côté.
- Dans une petite casserole, chauffer l'huile. Ajouter les graines de moutarde, les piments verts et les feuilles de curry. Laissez-les crachoter pendant 15 secondes.
- Versez cet assaisonnement dans le dhal.
- Décorez avec les feuilles de coriandre.
- Servir chaud avec du riz vapeur ou des chapattis

Mung-ni-Dhal

(Fractionner le gramme vert)

Pour 4 personnes

Ingrédients

300g/10oz mung dhal*

1,9 litres/3½ pintes d'eau

Sel au goût

cc de curcuma

½ cuillère à café de pâte de gingembre

1 piment vert, haché finement

cc de sucre

1 cuillère à soupe de ghee

½ cuillère à café de graines de sésame

1 petit oignon, haché

1 gousse d'ail, hachée

Méthode

- Faire bouillir le mung dhal avec l'eau et le sel dans une casserole à feu moyen pendant 30 minutes.
- Ajouter le curcuma, la pâte de gingembre, le piment vert et le sucre. Bien mélanger.
- Ajoutez 120 ml d'eau si le dhal est sec. Laisser mijoter 2-3 minutes et réserver.
- Faites chauffer le ghee dans une petite casserole. Ajouter les graines de sésame, l'oignon et l'ail. Faites-les frire pendant 1 minute en remuant continuellement.
- Ajoutez ceci au dhal. Servir chaud.

Dhal à l'oignon et à la noix de coco

(Red Gramme coupé avec oignon et noix de coco)

Pour 4-6 personnes

Ingrédients

300g/10oz toor dhal*

2,8 litres/5 pintes d'eau

2 piments verts, hachés

1 petit oignon, haché

Sel au goût

cc de curcuma

1½ cuillère à café d'huile végétale

½ cuillère à café de graines de moutarde

1 cuillère à soupe de feuilles de coriandre, hachées finement

50 g de noix de coco fraîche, râpée

Méthode

- Faire bouillir le toor dhal avec l'eau, les piments verts, l'oignon, le sel et le curcuma dans une casserole à feu moyen pendant 1 heure. Mettre de côté.
- Chauffer l'huile dans une casserole. Ajouter les graines de moutarde. Laissez-les crachoter pendant 15 secondes.
- Versez ceci dans le dhal et mélangez bien.
- Garnir de feuilles de coriandre et de noix de coco. Servir chaud.

Dahi Kadhi

(Curry à base de yaourt)

Pour 4 personnes

Ingrédients

1 cuillère à soupe de besan*

Yaourt 250g/9oz

750 ml/1¼ pintes d'eau

2 cuillères à café de sucre

Sel au goût

½ cuillère à café de pâte de gingembre

1 cuillère à soupe d'huile végétale raffinée

cc de graines de moutarde

cc de graines de cumin

cc de graines de fenugrec

8 feuilles de curry

10 g/¼oz de feuilles de coriandre, finement hachées

Méthode

- Mélanger le besan avec le yaourt, l'eau, le sucre, le sel et la pâte de gingembre dans une grande casserole. Bien mélanger pour éviter la formation de grumeaux.
- Cuire le mélange à feu moyen jusqu'à ce qu'il commence à épaissir, en remuant fréquemment. Porter à ébullition. Mettre de côté.
- Chauffer l'huile dans une casserole. Ajouter les graines de moutarde, les graines de cumin, les graines de fenugrec et les feuilles de curry. Laissez-les crachoter pendant 15 secondes.
- Versez cette huile sur le mélange de besan.
- Décorez avec les feuilles de coriandre. Servir chaud.

Dhal aux épinards

(Épinards avec Split Green Gram)

Pour 4 personnes

Ingrédients

300g/10oz mung dhal*

1,9 litres/3½ pintes d'eau

Sel au goût

1 gros oignon, haché

6 gousses d'ail, hachées

cc de curcuma

100g/3½oz d'épinards, hachés

½ cuillère à café d'amchoor*

Pincée de garam masala

½ cuillère à café de pâte de gingembre

1 cuillère à soupe d'huile végétale raffinée

1 cuillère à café de graines de cumin

2 cuillères à soupe de feuilles de coriandre, hachées finement

Méthode

- Cuire le dhal avec l'eau et le sel dans une casserole à feu moyen pendant 30-40 minutes.
- Ajoutez l'oignon et l'ail. Cuire 7 minutes.
- Ajouter le curcuma, les épinards, l'amchoor, le garam masala et la pâte de gingembre. Bien mélanger.
- Laisser mijoter jusqu'à ce que le dhal soit tendre et que toutes les épices aient été absorbées. Mettre de côté.
- Chauffer l'huile dans une casserole. Ajouter les graines de cumin. Laissez-les crachoter pendant 15 secondes.
- Versez-le sur le dhal.
- Décorez avec les feuilles de coriandre. Servir chaud

Tawker Dhal

(Lentilles rouges fendues aigre avec mangue non mûre)

Pour 4 personnes

Ingrédients

300g/10oz toor dhal*

2,4 litres/4 pintes d'eau

1 mangue non mûre, dénoyautée et coupée en quartiers

½ cuillère à café de curcuma

4 piments verts

Sel au goût

2 cuillères à café d'huile de moutarde

½ cuillère à café de graines de moutarde

1 cuillère à soupe de feuilles de coriandre, hachées finement

Méthode

- Faites bouillir le dhal avec l'eau, les morceaux de mangue, le curcuma, les piments verts et le sel pendant une heure. Mettre de côté.
- Faites chauffer l'huile dans une casserole et ajoutez les graines de moutarde. Laissez-les crachoter pendant 15 secondes.
- Ajoutez ceci au dhal. Laisser mijoter jusqu'à épaississement.
- Décorez avec les feuilles de coriandre. Servir chaud avec du riz vapeur

Dhal de base

(Split Red Gram avec Tomate)

Pour 4 personnes

Ingrédients

300g/10oz toor dhal*

1,2 litre/2 pintes d'eau

Sel au goût

cc de curcuma

½ cuillère à soupe d'huile végétale raffinée

cc de graines de cumin

2 piments verts, coupés dans le sens de la longueur

1 tomate de taille moyenne, hachée finement

1 cuillère à soupe de feuilles de coriandre, hachées finement

Méthode

- Cuire le toor dhal avec l'eau et le sel dans une casserole pendant 1 heure à feu moyen.
- Ajouter le curcuma et bien mélanger.
- Si le dhal est trop épais, ajoutez-y 120 ml d'eau. Mélangez bien et mettez de côté.
- Chauffer l'huile dans une casserole. Ajoutez les graines de cumin et laissez-les éclabousser pendant 15 secondes. Ajouter les piments verts et la tomate. Frire pendant 2 minutes.
- Ajoutez ceci au dhal. Mélanger et laisser mijoter pendant 3 minutes.
- Décorez avec les feuilles de coriandre. Servir chaud avec du riz vapeur

Maa-ki-Dhal

(Riche Black Gram)

Pour 4 personnes

Ingrédients

240g de dhal de kaali*

125g/4½oz dc haricots rouges

2,8 litres/5 pintes d'eau

Sel au goût

3,5 cm/1½ po de gingembre racine, coupé en julienne

1 cuillère à café de piment en poudre

3 tomates, en purée

1 cuillère à soupe de beurre

2 cuillères à café d'huile végétale raffinée

1 cuillère à café de graines de cumin

2 cuillères à soupe de crème liquide

Méthode

- Faire tremper le dhal et les haricots rouges ensemble pendant la nuit.
- Cuire avec l'eau, le sel et le gingembre dans une casserole pendant 40 minutes à feu moyen.
- Ajouter la poudre de piment, la purée de tomates et le beurre. Laisser mijoter 8-10 minutes. Mettre de côté.
- Chauffer l'huile dans une casserole. Ajouter les graines de cumin. Laissez-les crachoter pendant 15 secondes.
- Ajoutez ceci au dhal. Bien mélanger.
- Ajouter la crème. Servir chaud avec du riz vapeur

Dhansak

(Spicy Parsi Split Red Gram)

Pour 4 personnes

Ingrédients

3 cuillères à soupe d'huile végétale raffinée

1 gros oignon, haché finement

2 grosses tomates, hachées

½ cuillère à café de curcuma

½ cuillère à café de piment en poudre

1 cuillère à soupe de dhansak masala*

1 cuillère à soupe de vinaigre de malt

Sel au goût

Pour le mélange de dhal :

150g/5½oz toor dhal*

75g/2½oz mung dhal*

75g/2½oz masoor dhal*

1 petite aubergine coupée en quatre

Morceau de citrouille de 7,5 cm/3 po, coupé en quatre

1 cuillère à soupe de feuilles de fenugrec frais

1,4 litre/2½ pintes d'eau

Sel au goût

Méthode

- Cuire les ingrédients du mélange de dhal ensemble dans une casserole à feu moyen pendant 45 minutes. Mettre de côté.
- Chauffer l'huile dans une casserole. Faire revenir les oignons et les tomates à feu moyen pendant 2-3 minutes.
- Ajouter le mélange de dhal et tous les ingrédients restants. Bien mélanger et cuire à feu moyen pendant 5-7 minutes. Servir chaud.

Masoor Dhal

Pour 4 personnes

Ingrédients

300g/10oz masoor dhal*

Sel au goût

Pincée de curcuma

1,2 litre/2 pintes d'eau

2 cuillères à soupe d'huile végétale raffinée

6 gousses d'ail, écrasées

1 cc de jus de citron

Méthode

- Cuire le dhal, le sel, le curcuma et l'eau dans une casserole à feu moyen pendant 45 minutes. Mettre de côté.
- Faites chauffer l'huile dans une poêle et faites revenir l'ail jusqu'à ce qu'il soit brun. Ajouter au dhal et arroser de jus de citron. Bien mélanger. Servir chaud.

Panchemel Dhal

(Mélange Cinq Lentilles)

Pour 4 personnes

Ingrédients

75g/2½oz mung dhal*

1 cuillère à soupe de chana dhal*

1 cuillère à soupe de masoor dhal*

1 cuillère à soupe de toor dhal*

1 cuillère à soupe d'urad dhal*

750 ml/1¼ pintes d'eau

½ cuillère à café de curcuma

Sel au goût

1 cuillère à soupe de ghee

1 cuillère à café de graines de cumin

Pincée d'asafoetida

½ cuillère à café de garam masala

1 cuillère à café de pâte de gingembre

Méthode

- Cuire les dhals avec l'eau, le curcuma et le sel dans une casserole pendant 1 heure à feu moyen. Bien mélanger. Mettre de côté.
- Faites chauffer le ghee dans une casserole. Faites frire les ingrédients restants pendant 1 minute.
- Ajoutez ceci au dhal, mélangez bien et laissez mijoter pendant 3-4 minutes. Servir chaud.

Cholar Dhal

(Split Bengal Gram)

Pour 4 personnes

Ingrédients

600g/1lb 5oz chana dhal*

2,4 litres/5 pintes d'eau

Sel au goût

3 cuillères à soupe de ghee

½ cuillère à café de graines de cumin

½ cuillère à café de curcuma

2 cuillères à café de sucre

3 clous de girofle

2 feuilles de laurier

2,5 cm/1 po de cannelle

2 gousses de cardamome verte

15 g/½ oz de noix de coco, hachée et frite

Méthode

- Cuire le dhal avec l'eau et le sel dans une casserole à feu moyen pendant 1 heure. Mettre de côté.
- Faites chauffer 2 cuillères à soupe de ghee dans une casserole. Ajouter tous les ingrédients, sauf la noix de coco. Laissez-les crachoter pendant 20 secondes. Ajouter le dhal cuit et cuire en remuant bien pendant 5 minutes. Ajouter la noix de coco et 1 cuillère à soupe de ghee. Servir chaud.

Dilpasand Dhal

(Spécial Lentilles)

Pour 4 personnes

Ingrédients

60g/2oz de haricots urad*

2 cuillères à soupe de haricots rouges

2 cuillères à soupe de pois chiches

2 litres/3½ pintes d'eau

cc de curcuma

2 cuillères à soupe de ghee

2 tomates, blanchies et réduites en purée

2 cuillères à café de cumin moulu, rôti à sec

125g/4½oz de yaourt, fouetté

120ml/4fl oz de crème liquide

Sel au goût

Méthode

- Mélanger les haricots, les pois chiches et l'eau. Faire tremper dans une casserole pendant 4 heures. Ajouter le curcuma et cuire 45 minutes à feu moyen. Mettre de côté.
- Faites chauffer le ghee dans une casserole. Ajouter tous les ingrédients restants et cuire à feu moyen jusqu'à ce que le ghee se sépare.
- Ajouter le mélange de haricots et pois chiches. Laisser mijoter jusqu'à ce que sec. Servir chaud.

Dhal Masoor

(Fente de lentilles rouges)

Pour 4 personnes

Ingrédients

1 cuillère à soupe de ghee

1 cuillère à café de graines de cumin

1 petit oignon, haché finement

2,5 cm de racine de gingembre, finement hachée

6 gousses d'ail, hachées finement

4 piments verts, coupés dans le sens de la longueur

1 tomate, pelée et réduite en purée

½ cuillère à café de curcuma

300g/10oz masoor dhal*

1,5 litre/2¾ pintes d'eau

Sel au goût

2 cuillères à soupe de feuilles de coriandre

Méthode

- Faites chauffer le ghee dans une casserole. Ajouter les graines de cumin, l'oignon, le gingembre, l'ail, les piments, la tomate et le curcuma. Faire revenir 5 minutes en remuant fréquemment.
- Ajouter le dhal, l'eau et le sel. Laisser mijoter 45 minutes. Décorez avec les feuilles de coriandre. Servir chaud avec du riz vapeur

Dhal aux aubergines

(Lentilles à l'Aubergine)

Pour 4 personnes

Ingrédients

300g/10oz toor dhal*

1,5 litre/2¾ pintes d'eau

Sel au goût

1 cuillère à soupe d'huile végétale raffinée

50 g d'aubergines coupées en dés

2,5 cm/1 po de cannelle

2 gousses de cardamome verte

2 clous de girofle

1 gros oignon, haché finement

2 grosses tomates, hachées finement

½ cuillère à café de pâte de gingembre

½ cuillère à café de pâte d'ail

1 cc de coriandre moulue

½ cuillère à café de curcuma

10 g/¼oz de feuilles de coriandre, pour garnir

Méthode

- Faire bouillir le dhal avec l'eau et le sel dans une casserole pendant 45 minutes à feu moyen. Mettre de côté.
- Chauffer l'huile dans une casserole. Ajouter tous les ingrédients restants, sauf les feuilles de coriandre. Faire frire 2-3 minutes en remuant constamment.
- Ajouter le mélange au dhal. Laisser mijoter 5 minutes. Garnir et servir.

Dhal Tadka jaune

Pour 4 personnes

Ingrédients

300g/10oz mung dhal*

1 litre/1¾ pintes d'eau

cc de curcuma

Sel au goût

3 cuillères à café de ghee

½ cuillère à café de graines de moutarde

½ cuillère à café de graines de cumin

½ cuillère à café de graines de fenugrec

2,5 cm de racine de gingembre, finement hachée

4 gousses d'ail, hachées finement

3 piments verts, coupés dans le sens de la longueur

8 feuilles de curry

Méthode

- Cuire le dhal avec l'eau, le curcuma et le sel dans une casserole pendant 45 minutes à feu moyen. Mettre de côté.
- Faites chauffer le ghee dans une casserole. Ajouter tous les ingrédients restants. Faites-les frire pendant 1 minute et versez sur le dhal. Bien mélanger et servir chaud.

Rasam

(Soupe épicée à base de tamarin)

Pour 4 personnes

Ingrédients

2 cuillères à soupe de pâte de tamarin

750 ml/1¼ pintes d'eau

8-10 feuilles de curry

2 cuillères à soupe de feuilles de coriandre hachées

Pincée d'asafoetida

Sel au goût

2 cuillères à café de ghee

½ cuillère à café de graines de moutarde

Pour le mélange d'épices :

2 cuillères à café de graines de coriandre

2 cuillères à soupe de toor dhal*

1 cuillère à café de graines de cumin

4-5 grains de poivre

1 piment rouge séché

Méthode

- Rôtir à sec et broyer les ingrédients du mélange d'épices ensemble.
- Mélanger le mélange d'épices avec tous les ingrédients, sauf le ghee et les graines de moutarde. Cuire 7 minutes à feu moyen dans une casserole.
- Faites chauffer le ghee dans une autre casserole. Ajoutez les graines de moutarde et laissez-les éclabousser pendant 15 secondes. Versez ceci directement dans le rasam. Servir chaud.

Mung Dhal simple

Pour 4 personnes

Ingrédients

300g/10oz mung dhal*

1 litre/1¾ pintes d'eau

Pincée de curcuma

Sel au goût

2 cuillères à soupe d'huile végétale raffinée

1 gros oignon, haché finement

3 piments verts, hachés finement

2,5 cm de racine de gingembre, finement hachée

5 feuilles de curry

2 tomates, hachées finement

Méthode

- Cuire le dhal avec l'eau, le curcuma et le sel dans une casserole pendant 30 minutes à feu moyen. Mettre de côté.
- Chauffer l'huile dans une casserole. Ajouter tous les ingrédients restants. Frire pendant 3-4 minutes. Ajoutez ceci au dhal. Laisser mijoter jusqu'à épaississement. Servir chaud.

Mung vert entier

Pour 4 personnes

Ingrédients

250g/9oz de haricots mungo, trempés pendant la nuit

1 litre/1¾ pintes d'eau

½ cuillère à soupe d'huile végétale raffinée

½ cuillère à café de graines de cumin

6 feuilles de curry

1 gros oignon, haché finement

½ cuillère à café de pâte d'ail

½ cuillère à café de pâte de gingembre

3 piments verts, hachés finement

1 tomate, hachée finement

cc de curcuma

Sel au goût

120 ml de lait

Méthode

- Cuire les haricots avec l'eau dans une casserole pendant 45 minutes à feu moyen. Mettre de côté.
- Chauffer l'huile dans une casserole. Ajouter les graines de cumin et les feuilles de curry.
- Après 15 secondes, ajoutez les haricots cuits et tous les ingrédients restants. Bien mélanger et laisser mijoter 7 à 8 minutes. Servir chaud.

Dahi Kadhi avec Pakoras

(Curry à base de yaourt avec boulettes frites)

Pour 4 personnes

Ingrédients

Pour le pakora :

125g/4½oz besan*

cc de graines de cumin

2 cuillères à café d'oignons hachés

1 piment vert haché

½ cuillère à café de gingembre râpé

Pincée de curcuma

2 piments verts, hachés finement

½ cuillère à café de graines d'ajowan

Sel au goût

Huile pour friture

Pour le kadhi :

Dahi Kadhi

Méthode

- Dans un bol, mélanger tous les ingrédients du pakora, à l'exception de l'huile, avec suffisamment d'eau pour former une pâte épaisse. Faire frire des cuillerées dans l'huile chaude jusqu'à ce qu'elles soient dorées.
- Faites cuire le kadhi et ajoutez-y les pakoras. Laisser mijoter 3-4 minutes.
- Servir chaud avec du riz vapeur

Dhal sucré à la mangue non mûre

(Fractionner le gramme rouge avec de la mangue non mûre)

Pour 4 personnes

Ingrédients

300g/10oz toor dhal*

2 piments verts, coupés dans le sens de la longueur

2 cuillères à café de jaggery*, râpé

1 petit oignon, tranché

Sel au goût

cc de curcuma

1,5 litre/2¾ pintes d'eau

1 mangue non mûre, pelée et hachée

1½ cuillère à café d'huile végétale raffinée

½ cuillère à café de graines de moutarde

1 cuillère à soupe de feuilles de coriandre, pour la garniture

Méthode

- Mélanger tous les ingrédients, sauf l'huile, les graines de moutarde et les feuilles de coriandre, dans une casserole. Cuire 30 minutes à feu moyen. Mettre de côté.
- Chauffer l'huile dans une casserole. Ajouter les graines de moutarde. Laissez-les crachoter pendant 15 secondes. Versez-le sur le dhal. Garnir et servir chaud.

Malai Dhal

(Split Black Gram avec de la crème)

Pour 4 personnes

Ingrédients

300g/10oz urad dhal*, trempé pendant 4 heures

1 litre/1¾ pintes d'eau

500 ml/16 fl oz de lait bouilli

1 cuillère à café de curcuma

Sel au goût

½ cuillère à café d'amchoor*

2 cuillères à soupe de crème liquide

1 cuillère à soupe de ghee

1 cuillère à café de graines de cumin

2,5 cm de racine de gingembre, finement hachée

1 petite tomate, hachée finement

1 petit oignon, haché finement

Méthode

- Cuire le dhal avec l'eau à feu moyen pendant 45 minutes.
- Ajouter le lait, le curcuma, le sel, l'amchoor et la crème. Bien mélanger et cuire 3-4 minutes. Mettre de côté.
- Faites chauffer le ghee dans une casserole. Ajouter les graines de cumin, le gingembre, la tomate et l'oignon. Frire pendant 3 minutes. Ajoutez ceci au dhal. Bien mélanger et servir chaud.

Sambhar

(Mélange de Lentilles et Légumes cuits avec des épices spéciales)

Pour 4 personnes

Ingrédients

300g/10oz toor dhal*

1,5 litre/2¾ pintes d'eau

Sel au goût

1 cuillère à soupe d'huile végétale raffinée

1 gros oignon, tranché finement

2 cuillères à café de pâte de tamarin

cc de curcuma

1 piment vert, haché grossièrement

1½ cuillère à café de poudre de sambhar*

2 cuillères à soupe de feuilles de coriandre, hachées finement

Pour l'assaisonnement :

1 piment vert, fendu dans le sens de la longueur

1 cc de graines de moutarde

½ cuillère à café d'urad dhal*

8 feuilles de curry

¼ cuillère à café d'asafoetida

Méthode

- Mélanger tous les ingrédients de l'assaisonnement ensemble. Mettre de côté.
- Cuire le toor dhal avec l'eau et le sel dans une casserole à feu moyen pendant 40 minutes. Bien écraser. Mettre de côté.
- Chauffer l'huile dans une casserole. Ajouter les ingrédients d'assaisonnement. Laissez-les crachoter pendant 20 secondes.
- Ajouter le dhal cuit et tous les ingrédients restants, sauf les feuilles de coriandre. Cuire à feu doux pendant 8 à 10 minutes.
- Décorez avec les feuilles de coriandre. Servir chaud.

Trois dhals

(Mélange de Lentilles)

Pour 4 personnes

Ingrédients

150g/5½oz toor dhal*

75g/2½oz masoor dhal*

75g/2½oz mung dhal*

1 litre/1¾ pintes d'eau

1 grosse tomate, hachée finement

1 petit oignon, haché finement

4 gousses d'ail, hachées finement

6 feuilles de curry

Sel au goût

cc de curcuma

2 cuillères à soupe d'huile végétale raffinée

½ cuillère à café de graines de cumin

Méthode

- Faire tremper les dhals dans l'eau pendant 30 minutes. Cuire avec le reste des ingrédients, sauf l'huilc ct lc cumin, pendant 45 minutes à feu moyen.
- Chauffer l'huile dans une casserole. Ajouter les graines de cumin. Laissez-les crachoter pendant 15 secondes. Versez-le sur le dhal. Bien mélanger. Servir chaud.

Methi-Drumstick Sambhar

(Fenugrec et pilons avec Split Red Gram)

Pour 4 personnes

Ingrédients

300g/10oz toor dhal*

1 litre/1¾ pintes d'eau

Pincée de curcuma

Sel au goût

2 pilons indiens*, haché

1 cuillère à café d'huile végétale raffinée

cc de graines de moutarde

1 piment rouge, coupé en deux

¼ cuillère à café d'asafoetida

10 g/¼oz de feuilles de fenugrec fraîches, hachées

1¼ cuillère à café de poudre de sambhar*

1¼ cuillère à café de pâte de tamarin

Méthode

- Mélanger le dhal, l'eau, le curcuma, le sel et les pilons dans une casserole. Cuire 15 minutes à feu moyen. Mettre de côté.
- Faire chauffer l'huile dans une poêle. Ajouter tous les ingrédients restants et faire sauter pendant 2-3 minutes. Ajoutez ceci au dhal et laissez mijoter pendant 7-8 minutes. Servir chaud.

Dhal Shorba

(Soupe aux lentilles)

Pour 4 personnes

Ingrédients

300g/10oz toor dhal*

Scl au goût

1 litre/1¾ pintes d'eau

1 cuillère à soupe d'huile végétale raffinée

2 gros oignons, tranchés

4 gousses d'ail, écrasées

50 g de feuilles d'épinards, finement hachées

3 tomates, hachées finement

1 cc de jus de citron

1 cuillère à café de garam masala

Méthode

- Cuire le dhal, le sel et l'eau dans une casserole à feu moyen pendant 45 minutes. Mettre de côté.
- Chauffer l'huile. Faire revenir les oignons à feu moyen jusqu'à ce qu'ils brunissent. Ajouter tous les ingrédients restants et cuire 5 minutes en remuant fréquemment.
- Ajoutez ceci au mélange de dhal. Servir chaud.

Mung délicieux

(Mung entier)

Pour 4 personnes

Ingrédients

250g/9oz de haricots mungo

2,5 litres/4 pintes d'eau

Sel au goût

2 oignons de taille moyenne, hachés

3 piments verts, hachés

cc de curcuma

1 cuillère à café de piment en poudre

1 cc de jus de citron

1 cuillère à soupe d'huile végétale raffinée

½ cuillère à café de graines de cumin

6 gousses d'ail, écrasées

Méthode

- Faire tremper les haricots mungo dans l'eau pendant 3-4 heures. Cuire dans une casserole avec le sel, les oignons, les piments verts, le curcuma et la poudre de piment à feu moyen pendant 1 heure.
- Ajouter le jus de citron. Laisser mijoter 10 minutes. Mettre de côté.

•Chauffer l'huile dans une casserole. Ajouter les graines de cumin et l'ail. Faire revenir 1 minute à feu moyen. Versez ceci dans le mélange de mungo. Servir chaud.

Masala Toor Dhal

(Gram rouge fendu épicé)

Pour 4 personnes

Ingrédients

300g/10oz toor dhal*

1,5 litre/2¾ pintes d'eau

Sel au goût

½ cuillère à café de curcuma

1 cuillère à soupe d'huile végétale raffinée

½ cuillère à café de graines de moutarde

8 feuilles de curry

¼ cuillère à café d'asafoetida

½ cuillère à café de pâte de gingembre

½ cuillère à café de pâte d'ail

1 piment vert, haché finement

1 oignon, haché finement

1 tomate, hachée finement

2 cuillères à café de jus de citron

2 cuillères à soupe de feuilles de coriandre, pour décorer

Méthode

- Cuire le dhal avec l'eau, le sel et le curcuma dans une casserole pendant 45 minutes à feu moyen. Mettre de côté.
- Chauffer l'huile dans une casserole. Ajouter tous les ingrédients, sauf le jus de citron et les feuilles de coriandre. Faire revenir 3-4 minutes à feu moyen. Versez-le sur le dhal.
- Ajouter le jus de citron et les feuilles de coriandre. Bien mélanger. Servir chaud.

Mung Dhal jaune sec

(gramme jaune sec)

Pour 4 personnes

Ingrédients

300g/10oz mung dhal*, trempé pendant 1 heure

250 ml/8 fl oz d'eau

cc de curcuma

Sel au goût

1 cuillère à soupe de ghee

1 cuillère à café d'amchoor*

1 cuillère à soupe de feuilles de coriandre hachées

1 petit oignon, haché finement

Méthode

- Cuire le dhal avec l'eau, le curcuma et le sel dans une casserole pendant 45 minutes à feu moyen.
- Faites chauffer le ghee et versez-le sur le dhal. Saupoudrer l'amchoor, les feuilles de coriandre et l'oignon sur le dessus. Servir chaud.

Mung Dhal poivré

Pour 4 personnes

Ingrédients

225g/8oz mung dhal*

Sel au goût

2 piments verts, hachés finement

Pincée de curcuma

1,25 litre/2½ pintes d'eau

1 cc de jus de citron

½ cuillère à café de poivre noir moulu

Méthode

- Mélanger le dhal, le sel, les piments verts, le curcuma et l'eau dans une casserole. Cuire à feu moyen pendant 45 minutes.

- Ajouter le jus de citron et le poivre. Bien mélanger. Servir chaud.

Dhal Boukhara

(Gram noir entier crémeux)

Pour 4-6 personnes

Ingrédients

600g/1lb 5oz urad dhal*, trempé toute la nuit

2 cuillères à soupe de haricots rouges, trempés pendant la nuit

2 litres/3½ pintes d'eau

Sel au goût

3 cuillères à soupe de beurre

1 cuillère à café de graines de cumin

1 gros oignon, haché finement

2,5 cm de racine de gingembre, finement hachée

2 gousses d'ail, hachées finement

1 cuillère à café de piment en poudre

1 cuillère à soupe de coriandre moulue

4 tomates, blanchies et hachées

½ cuillère à café de garam masala

2 cuillères à soupe de crème fraîche fraîche

2 cuillères à soupe de yaourt

3 cuillères à soupe de ghee

2,5 cm de racine de gingembre, coupée en julienne

2 piments verts, coupés dans le sens de la longueur

1 cuillère à soupe de feuilles de coriandre, hachées finement

Méthode

- Ne pas égoutter le dhal et les haricots rouges. Mélanger avec l'eau et le sel dans une casserole. Cuire une heure à feu moyen. Écrasez doucement et réservez.

- Dans une petite poêle, faire fondre le beurre. Ajouter les graines de cumin. Laissez-les crachoter pendant 15 secondes.

- Ajouter l'oignon, le gingembre, l'ail, la poudre de piment, la coriandre et les tomates. Cuire à feu doux pendant 7 à 8 minutes en remuant de temps en temps.

- Ajouter le garam masala, la crème, le yaourt et le ghee. Bien mélanger. Cuire 2-3 minutes.

- Ajouter ce mélange au dhal. Laisser mijoter 10 minutes.

- Garnir de gingembre, de piments verts et de feuilles de coriandre. Servir chaud avec du riz vapeur, des chapatti ou des naan

Methi Dhal

(Split Red Gram avec Fenugrec)

Pour 4 personnes

Ingrédients

50 g de feuilles de fenugrec fraîches, hachées finement

Sel au goût

300g/10oz toor dhal*

1,5 litre/2¾ pintes d'eau

1 gros oignon, haché finement

2 tomates, hachées finement

2 cuillères à café de pâte de tamarin

1 piment vert, fendu dans le sens de la longueur

cc de curcuma

¾ cc de piment en poudre

2 cuillères à soupe de noix de coco fraîche, râpée

1 cuillère à soupe de jaggery*, râpé

Pour l'assaisonnement :

2 cuillères à café d'huile végétale raffinée

½ cuillère à café de graines de moutarde

6 feuilles de curry

8 clous de girofle, pilés

Méthode

- Frotter les feuilles de fenugrec avec un peu de sel et réserver.

- Cuire le toor dhal avec l'eau et le sel dans une casserole pendant 45 minutes à feu moyen.

- Ajouter les feuilles de fenugrec avec l'oignon, les tomates, la pâte de tamarin, le piment vert, le curcuma, la poudre de piment, la noix de coco et le jaggery. Bien mélanger. Ajouter un peu plus d'eau si nécessaire. Laisser mijoter 5 minutes.

- Retirer du feu. Bien écraser et réserver.

- Chauffer l'huile dans une casserole. Ajouter les graines de moutarde, les feuilles de curry et les clous de girofle. Laissez-les crachoter pendant 15 secondes. Versez-le sur le dhal. Servir chaud.

Malai Koftas

(Dumplings à la sauce sucrée)

Pour 4 personnes

Ingrédients

2,5 cm/1 po de cannelle

6 gousses de cardamome verte

¼ cc de muscade moulue

6 clous de girofle

3 cuillères à café de poivre blanc fraîchement moulu

3,5 cm/1½ po de gingembre racine, râpé

½ cuillère à café de curcuma

2 gousses d'ail, écrasées

2½ cuillères à café de sucre

Sel au goût

120 ml d'eau

3 cuillères à soupe de ghee

360 ml/12 fl oz de lait

120ml/4fl oz de crème liquide

1 cuillère à soupe de fromage cheddar, râpé

1 cuillère à soupe de feuilles de coriandre, hachées finement

Pour les koftas :

50g/1¾oz de khoya*

Paneer 50g/1¾oz*

4 grosses pommes de terre, bouillies et écrasées

4-5 piments verts, hachés finement

1 cm/½ po de racine de gingembre, râpé

1 cuillère à café de coriandre, hachée

½ cuillère à café de graines de cumin

Sel au goût

20g/¾oz de raisins secs

20g/¾oz de noix de cajou

Méthode

- Pour les koftas, pétrir ensemble tous les ingrédients de la kofta, à l'exception des raisins secs et des noix de cajou, pour former une pâte molle.

- Divisez cette pâte en boules de la taille d'une noix. Presser 2-3 raisins secs et noix de cajou au centre de chaque boule.

- Cuire les boules au four à 200°C (400°F/thermostat 6) pendant 5 minutes. Mettez-les de côté.

- Pour la sauce, faites griller à sec la cannelle, la cardamome, la muscade et les clous de girofle dans une poêle à feu doux pendant 1 minute. Broyer et mettre de côté.

- Moudre le poivre, le gingembre, le curcuma, l'ail, le sucre et le sel avec l'eau. Mettre de côté.
- Faites chauffer le ghee dans une casserole. Ajouter le mélange cannelle-cardamome. Faites-le revenir à feu moyen pendant une minute.
- Ajouter le mélange poivre-gingembre. Faire frire 5 à 7 minutes en remuant de temps en temps.
- Ajouter le lait et la crème. Laisser mijoter 15 minutes en remuant de temps en temps.
- Placer les koftas tièdes dans un plat à gratin.
- Verser la sauce sur les koftas et garnir de fromage et de feuilles de coriandre. Servir chaud.
- Alternativement, après avoir versé la sauce sur les koftas, cuire au four préchauffé à 200 °C (400 °F, gaz 6) pendant 5 minutes. Garnir avec le fromage et les feuilles de coriandre. Servir chaud.

Aloo Palak

(Pommes De Terre Cuites Aux Épinards)

Pour 6 personnes

Ingrédients

300g/10oz d'épinards, hachés et cuits à la vapeur

2 piments verts, coupés dans le sens de la longueur

4 cuillères à soupe de ghee

2 grosses pommes de terre, bouillies et coupées en dés

½ cuillère à café de graines de cumin

2,5 cm de racine de gingembre, coupée en julienne

2 gros oignons, hachés finement

3 tomates, hachées finement

1 cuillère à café de piment en poudre

½ cuillère à café de cannelle moulue

½ cuillère à café de clous de girofle moulus

cc de curcuma

½ cuillère à café de garam masala

½ cuillère à café de farine complète

1 cc de jus de citron

Sel au goût

½ cuillère à soupe de beurre

Grosse pincée d'asafoetida

Méthode

- Broyer grossièrement les épinards avec les piments verts dans un mixeur. Mettre de côté.
- Faites chauffer le ghee dans une casserole. Ajouter les pommes de terre et les faire frire à feu moyen jusqu'à ce qu'elles soient légèrement dorées et croustillantes. Égouttez-les et réservez.
- Dans le même ghee, ajouter les graines de cumin. Laissez-les crachoter pendant 15 secondes.
- Ajouter le gingembre et les oignons. Faites-les frire à feu moyen pendant 2-3 minutes.
- Ajouter le reste des ingrédients, sauf le beurre et l'asafoetida. Cuire le mélange à feu moyen pendant 3-4 minutes, en remuant à intervalles réguliers.
- Ajouter les épinards et les pommes de terre. Bien mélanger et laisser mijoter 2-3 minutes. Mettez le mélange de côté.
- Faites chauffer le beurre dans une petite casserole. Ajouter l'asafoetida. Laissez-le crachoter pendant 5 secondes.
- Versez ce mélange immédiatement sur l'aloo palak. Mélangez doucement. Servir chaud.

REMARQUE: *Vous pouvez remplacer les pommes de terre par des petits pois frais ou des grains de maïs.*

Dum ka Karela

(Courge amère cuite lentement)

Pour 4 personnes

Ingrédients

12 courges amères*

Sel au goût

500 ml/16 fl oz d'eau

1 cuillère à café de curcuma

1 cuillère à café de pâte de gingembre

1 cuillère à café de pâte d'ail

Beurre pour badigeonner et graisser

Pour le remplissage:

1 cuillère à soupe de noix de coco fraîche, hachée

60g/2oz de cacahuètes

1 cuillère à soupe de graines de sésame

1 cuillère à café de graines de cumin

2 gros oignons

2,5 cm de racine de gingembre, coupée en julienne

2 cuillères à café de jaggery*, râpé

1½ cuillère à café de coriandre moulue

1 cuillère à café de piment en poudre

Sel au goût

Paneer 150g/5½oz*, râpé

Pour l'assaisonnement :

3 cuillères à soupe d'huile végétale raffinée

10 feuilles de curry

½ cuillère à café de graines de cumin

½ cuillère à café de graines de moutarde

cc de graines de fenugrec

Méthode

- Faire une seule entaille dans les courges amères dans le sens de la longueur en veillant à ce que les bases restent intactes. Épépinez-les. Frottez-les avec du sel et laissez reposer 1 heure.
- Mélangez l'eau avec le curcuma, la pâte de gingembre, la pâte d'ail et un peu de sel dans une casserole et faites cuire à feu moyen pendant 5-7 minutes. Ajouter les courges amères. Cuire jusqu'à ce qu'ils soient tendres. Égoutter et réserver.
- Pour la garniture, rôtir à sec tous les ingrédients de la garniture, à l'exception du paneer. Mélanger le mélange rôti à sec avec 60 ml d'eau. Broyer en une pâte fine.
- Ajoutez le panneau. Mélangez-le soigneusement avec la pâte moulue. Mettre de côté.

- Faites chauffer l'huile dans une poêle. Ajouter les ingrédients d'assaisonnement. Laissez-les crachoter pendant 15 secondes.
- Versez-le sur le mélange de garniture. Bien mélanger. Divisez la garniture en 12 portions égales.
- Farcir une portion dans chaque courge amère. Disposez-les sur une plaque à pâtisserie graissée avec le côté farci vers le haut. Percez quelques trous dans une feuille de papier d'aluminium et scellez le plateau avec.
- Cuire les courges amères au four à 140 °C (275 °F, thermostat 1) pendant 30 minutes en les arrosant à intervalles réguliers. Servir chaud.

Curry Navratna

(Riche Mélange De Légumes Curry)

Pour 4 personnes

Ingrédients

100g/3½oz de haricots verts

2 grosses carottes

100g/3½oz de chou-fleur

200g/7oz de pois

360ml/12fl oz d'eau

4 cuillères à soupe de ghee plus un supplément pour la friture

2 pommes de terre, hachées

Paneer 150g/5½oz*, coupé en morceaux

2 tomates, en purée

2 gros poivrons verts, coupés en longues lanières

150g/5½oz de noix de cajou

250g/9oz de raisins secs

2 cuillères à café de sucre

Sel au goût

200g/7oz de yaourt, fouetté

2 tranches d'ananas, hachées

quelques cerises

Pour le mélange d'épices :

6 gousses d'ail

2 piments verts

4 piments rouges secs

2.5 cm/1in racine de gingembre

2 cuillères à café de graines de coriandre

1 cuillère à café de graines de cumin

1 cuillère à café de graines de cumin noir

3 gousses de cardamome verte

Méthode

- Couper en dés les haricots verts, les carottes et le chou-fleur. Mélangez-les avec les petits pois et l'eau. Cuire ce mélange dans une casserole à feu moyen pendant 7-8 minutes. Mettre de côté.
- Faites chauffer le ghee pour la friture dans une poêle. Ajouter les pommes de terre et le paneer. Faites-les frire à feu moyen jusqu'à ce qu'elles soient dorées. Égouttez-les et réservez.
- Broyer ensemble tous les ingrédients du mélange d'épices en une pâte. Mettre de côté.
- Faites chauffer 4 cuillères à soupe de ghee dans une poêle. Ajouter la pâte d'épices. Faites-le frire à feu moyen pendant 1 à 2 minutes en remuant constamment.

- Ajouter la purée de tomates, les poivrons, les noix de cajou, les raisins secs, le sucre et le sel. Bien mélanger.
- Ajouter les légumes cuits, le paneer frit et les pommes de terre et le yaourt. Remuer jusqu'à ce que le yaourt et la purée de tomates enrobent le reste des ingrédients. Laisser mijoter 10-15 minutes.
- Décorez le curry Navratna avec les tranches d'ananas et les cerises. Servir chaud.

Kofta de légumes mélangés au curry de tomates

Pour 4 personnes

Ingrédients

Pour le kofta :

125g/4½oz de maïs surgelé

125g/4½oz de petits pois surgelés

60g/2oz de haricots verts, hachés

60g/2oz de carottes, hachées finement

375g/13oz besan*

½ cuillère à café de piment en poudre

Pincée de curcuma

1 cuillère à café d'amchoor*

1 cc de coriandre moulue

½ cuillère à café de cumin moulu

Sel au goût

Huile végétale raffinée pour la friture

Pour le curry :

4 tomates, hachées finement

2 cuillères à café de concentré de tomate

1 cuillère à café de gingembre moulu

½ cuillère à café de piment en poudre

cc de sucre

¼ cuillère à café de cannelle moulue

2 clous de girofle

Sel au goût

1 cuillère à soupe de panure*, râpé

25 g/peu de feuilles de coriandre, hachées finement

Méthode

- Pour la kofta, mélanger le maïs, les pois, les haricots verts et les carottes dans une casserole. Faire bouillir le mélange.
- Pétrir le mélange étuvé avec les autres ingrédients de la kofta, à l'exception de l'huile, pour former une pâte molle. Divisez la pâte en boules de la taille d'un citron.
- Faites chauffer l'huile dans une poêle. Ajouter les boules de kofta. Faites-les frire à feu moyen jusqu'à ce qu'ils soient dorés. Égoutter les koftas et les mettre de côté.
- Pour le curry, mélangez tous les ingrédients du curry, sauf le paneer et les feuilles de coriandre, dans une casserole.
- Cuire ce mélange 15 minutes à feu moyen en remuant fréquemment.

- Ajouter délicatement les koftas au curry, 15 minutes avant de servir.
- Garnir de paneer et de feuilles de coriandre. Servir chaud.

Muthias en sauce blanche

(Dumplings Paneer et Fenugrec à la Sauce Blanche)

Pour 4 personnes

Ingrédients

1 cuillère à soupe de noix de cajou

1 cuillère à soupe de cacahuètes légèrement grillées

1 tranche de pain blanc

1 oignon de taille moyenne, haché finement

2.5 cm/1in racine de gingembre

3 piments verts

1 cuillère à café de graines de pavot trempées dans 2 cuillères à soupe de lait pendant 1 heure

2 cuillères à soupe de ghee

240 ml/6 fl oz de lait

1 cuillère à café de sucre en poudre

Pincée de cannelle moulue

Pincée de clous de girofle moulus

120ml/4fl oz de crème liquide

Sel au goût

200g/7oz de yaourt

Pour les muthias :

300g/10oz*, émietté

1 cuillère à soupe de feuilles de fenugrec hachées finement

1 cuillère à soupe de farine blanche nature

Sel au goût

Piment en poudre au goût

Ghee pour la friture

Méthode

- Pétrir ensemble tous les ingrédients du muthia, à l'exception du ghee, pour former une pâte molle. Divisez la pâte en boules de la taille d'une noix.
- Faites chauffer le ghee dans une poêle. Ajouter les boules et les faire frire à feu moyen jusqu'à ce qu'elles soient dorées. Mettre de côté.
- Broyer ensemble les noix de cajou, les cacahuètes grillées et le pain avec suffisamment d'eau pour former une pâte. Mettez le mélange de côté.
- Broyer ensemble l'oignon, le gingembre, les piments et les graines de pavot avec suffisamment d'eau pour former une pâte. Mettez le mélange de côté.

- Faites chauffer le ghee dans une poêle. Ajouter le mélange oignon-gingembre. Faites frire jusqu'à ce qu'il devienne brun.
- Ajouter tous les ingrédients restants et la pâte de cajou-cacahuète. Bien mélanger. Laisser mijoter 15 minutes en remuant fréquemment.

- Ajoutez les muthias. Mélangez doucement. Servir chaud.

Cari Brun

Pour 4 personnes

Ingrédients

2 gousses de cardamome verte

2 clous de girofle

2 grains de poivre noir

1 cm/½ po de cannelle

1 feuille de laurier

2 piments rouges secs

1 cc de farine complète

2 cuillères à soupe d'huile végétale raffinée

1 gros oignon, tranché

1 cuillère à café de graines de cumin

Pincée d'asafoetida

1 gros poivron vert, coupé en julienne

2,5 cm de racine de gingembre, coupée en julienne

4 gousses d'ail, pilées

½ cuillère à café de piment en poudre

cc de curcuma

1 cc de coriandre moulue

2 grosses tomates, hachées finement

1 cuillère à soupe de pâte de tamarin

Sel au goût

1 cuillère à soupe de feuilles de coriandre, hachées finement

Méthode

- Broyer ensemble la cardamome, les clous de girofle, les grains de poivre, la cannelle, le laurier et les piments rouges en une poudre fine. Mettre de côté.
- Faire griller à sec la farine jusqu'à ce qu'elle soit rosée, en remuant continuellement. Mettre de côté.
- Chauffer l'huile dans une casserole. Ajouter l'oignon. Faites frire à feu moyen jusqu'à ce qu'il devienne brun. Égoutter et broyer en une pâte fine. Mettre de côté.
- Faites chauffer la même huile et ajoutez les graines de cumin. Laissez-les crachoter pendant 15 secondes.
- Ajouter l'asafoetida, le poivron vert, le gingembre et l'ail. Faire sauter pendant une minute.
- Ajouter le reste des ingrédients, sauf les feuilles de coriandre. Bien mélanger.
- Ajouter le mélange cardamome-girofle moulu, la farine torréfiée à sec et la pâte d'oignon. Bien mélanger.
- Laisser mijoter 10-15 minutes.
- Décorez avec les feuilles de coriandre. Servir chaud.

REMARQUE: *Ce curry se marie bien avec des légumes comme des pommes de terre grelots dans leur peau, des petits pois et des morceaux d'aubergine sautés.*

Curry de diamants

Pour 4 personnes

Ingrédients

2-3 cuillères à soupe d'huile végétale raffinée

2 gros oignons, réduits en pâte

1 cuillère à café de pâte de gingembre

1 cuillère à café de pâte d'ail

2 grosses tomates, en purée

1-2 piments verts

½ cuillère à café de curcuma

1 cuillère à soupe de cumin moulu

½ cuillère à café de garam masala

½ cuillère à café de sucre

Sel au goût

250 ml/8 fl oz d'eau

Pour les diamants :

250g/9oz de besan*

200 ml d'eau

1 cuillère à soupe d'huile végétale raffinée

1 pincée d'asafoetida

½ cuillère à café de graines de cumin

25 g/peu de feuilles de coriandre, hachées finement

2 piments verts, hachés finement

Sel au goût

Méthode

- Pour la sauce, faire chauffer l'huile dans une casserole. Ajouter la pâte d'oignon. Faites frire la pâte à feu moyen jusqu'à ce qu'elle devienne translucide.
- Ajouter la pâte de gingembre et la pâte d'ail. Frire pendant une minute.
- Ajouter les ingrédients restants, à l'exception des ingrédients du diamant. Bien mélanger. Couvrir avec un couvercle et laisser mijoter le mélange pendant 5-7 minutes. Mettre la sauce de côté.
- Pour faire les losanges, mélangez soigneusement le besan avec de l'eau pour former une pâte épaisse. Évitez de former des grumeaux. Mettre de côté.
- Chauffer l'huile dans une casserole. Ajouter l'asafoetida et les graines de cumin. Laissez-les crachoter pendant 15 secondes.
- Ajouter la pâte à besan et tous les ingrédients diamant restants. Remuer continuellement à feu moyen jusqu'à ce que le mélange quitte les parois de la casserole.
- Beurrer une plaque de cuisson antiadhésive de 15 × 35 cm/6 × 14 pouces. Verser la pâte et lisser à plat avec un couteau à palette. Laisser reposer 20 minutes. Découpez en losanges.
- Ajouter les diamants à la sauce. Servir chaud.

Ragoût de légumes

Pour 4 personnes

Ingrédients

1 cuillère à soupe de farine blanche nature

3 cuillères à soupe d'huile végétale raffinée

4 clous de girofle

2,5 cm/1 po de cannelle

2 gousses de cardamome verte

1 petit oignon, coupé en dés

1 cm/½ po de racine de gingembre, haché

2 à 5 piments verts, coupés dans le sens de la longueur

10 feuilles de curry

150g/5½oz de légumes mélangés surgelés

600 ml de lait de coco

Sel au goût

1 cuillère à soupe de vinaigre

1 cuillère à café de poivre noir moulu

1 cc de graines de moutarde

1 échalote hachée

Méthode

- Mélanger la farine avec suffisamment d'eau pour former une pâte épaisse. Mettre de côté.
- Faites chauffer 2 cuillères à soupe d'huile dans une casserole. Ajouter les clous de girofle, la cannelle et la cardamome. Laissez-les crachoter pendant 30 secondes.
- Ajouter l'oignon, le gingembre, les piments et les feuilles de curry. Faire revenir le mélange à feu moyen pendant 2-3 minutes.
- Ajouter les légumes, le lait de coco et le sel. Remuer pendant 2-3 minutes.
- Ajouter la pâte de farine. Cuire 5 à 7 minutes en remuant continuellement.
- Ajouter le vinaigre. Bien mélanger. Laisser mijoter encore une minute. Mettez le ragoût de côté.
- Faites chauffer le reste d'huile dans une casserole. Ajouter le poivre, les graines de moutarde et l'échalote. Frire pendant 1 minute.
- Versez ce mélange sur le ragoût. Servir chaud.

Curry de champignons et petits pois

Pour 4 personnes

Ingrédients

2 piments verts

1 cuillère à soupe de graines de pavot

2 gousses de cardamome verte

1 cuillère à soupe de noix de cajou

1 cm de racine de gingembre

½ cuillère à soupe de ghee

1 gros oignon, haché finement

4 gousses d'ail, hachées finement

400g/14oz de champignons, tranchés

200g/7oz de pois en conserve

Sel au goût

1 cuillère à soupe de yaourt

1 cuillère à soupe de crème liquide

10 g/¼oz de feuilles de coriandre, finement hachées

Méthode

- Broyer ensemble les piments verts, les graines de pavot, la cardamome, les noix de cajou et le gingembre pour former une pâte épaisse. Mettre de côté.
- Faites chauffer le ghee dans une casserole. Ajouter l'oignon. Faire frire à feu moyen jusqu'à ce qu'il soit translucide.
- Ajouter l'ail et le mélange piments verts-graines de pavot moulus. Faire sauter pendant 5-7 minutes.
- Ajouter les champignons et les petits pois. Faire sauter pendant 3-4 minutes.
- Ajouter le sel, le yaourt et la crème. Bien mélanger. Laisser mijoter 5 à 7 minutes en remuant de temps en temps.
- Décorez avec les feuilles de coriandre. Servir chaud.

Navratan Korma

(Légumes Mixtes Épicés)

Pour 4 personnes

Ingrédients

1 cuillère à café de graines de cumin

2 cuillères à café de graines de pavot

3 gousses de cardamome verte

1 gros oignon, haché finement

25g/peu de noix de coco 1oz, râpée

3 piments verts, coupés dans le sens de la longueur

3 cuillères à soupe de ghee

15 noix de cajou

3 cuillères à soupe de beurre

400g/14oz de petits pois en conserve

2 carottes, bouillies et hachées

1 petite pomme, hachée finement

2 tranches d'ananas, hachées finement

Yaourt 125g/4½oz

60 ml de crème liquide

120 ml de ketchup aux tomates

20 raisins secs

Sel au goût

1 cuillère à soupe de fromage cheddar, râpé

1 cuillère à soupe de feuilles de coriandre, hachées finement

2 cerises glacées

Méthode

- Broyer ensemble les graines de cumin et les graines de pavot en une poudre fine. Mettre de côté.
- Broyer ensemble la cardamome, l'oignon, la noix de coco et les piments verts en une pâte épaisse. Mettre de côté.
- Faites chauffer le ghee. Ajouter les noix de cajou. Faites-les frire à feu moyen jusqu'à ce qu'elles soient dorées. Égouttez-les et mettez-les de côté. Ne jetez pas le ghee.
- Ajouter le beurre au ghee et chauffer le mélange pendant une minute en remuant bien.
- Ajouter le mélange cardamome-oignons. Faire revenir à feu moyen pendant 2 minutes.
- Ajouter les petits pois, les carottes, la pomme et l'ananas. Faites sauter le mélange pendant 5 à 6 minutes.
- Ajouter le mélange cumin-graines de pavot. Cuire encore une minute à feu doux.
- Ajouter le yaourt, la crème, le ketchup, les raisins secs et le sel. Remuez le mélange à feu doux pendant 7-8 minutes.

- Garnir le korma avec le fromage, les feuilles de coriandre, les cerises et les noix de cajou frites. Servir chaud.

Sindhi Sai Bhaji*

(Légumes épicés Sindhi)

Pour 4 personnes

Ingrédients

3 cuillères à soupe d'huile végétale raffinée

1 gros oignon, haché

3 piments verts, coupés dans le sens de la longueur

6 gousses d'ail, hachées finement

1 carotte, hachée finement

1 gros poivron vert, haché finement

1 petit chou, haché finement

1 grosse pomme de terre, hachée finement

1 aubergine, hachée finement

100g/3½oz de gombo, haché

100g/3½oz de haricots verts, hachés finement

150g/5½oz de feuilles d'épinards, hachées finement

100 g de feuilles de coriandre finement hachées

300g/10oz masoor dhal*, trempé pendant 30 minutes et égoutté

150g/5½oz mung dhal*, trempé pendant 30 minutes et égoutté

750 ml/1¼ pintes d'eau

1 cuillère à café de piment en poudre

1 cc de coriandre moulue

½ cuillère à café de curcuma

1 cuillère à café de sel

1 tomate

½ cuillère à soupe de ghee

Pincée d'asafoetida

Méthode

- Chauffer l'huile dans une grande casserole. Ajouter l'oignon. Faire frire à feu moyen jusqu'à ce qu'il soit translucide.
- Ajouter les piments verts et l'ail. Frire encore une minute.
- Ajouter tous les ingrédients restants, sauf la tomate, le ghee et l'asafoetida. Bien mélanger. Couvrir avec un couvercle et cuire à feu doux pendant 10 minutes en remuant à intervalles réguliers.
- Placez la tomate entière sur le mélange de légumes, couvrez à nouveau et poursuivez la cuisson du mélange pendant 30 minutes.
- Retirer du feu et mélanger grossièrement le contenu. Mettez le bhaji de côté.
- Faites chauffer le ghee dans une casserole. Ajouter l'asafoetida. Laissez-le crachoter pendant 10 secondes. Versez directement sur le bhaji. Remuez soigneusement le mélange. Servir chaud.

Betterave nawabi

(Betterave riche)

Pour 4 personnes

Ingrédients

500 g de betteraves rouges de taille moyenne, pelées

Yaourt 125g/4½oz

120ml/4fl oz de crème liquide

Sel au goût

2,5 cm de racine de gingembre, coupée en julienne

100g/3½oz de pois frais

1 cuillère à soupe de jus de citron

1 cuillère à soupe d'huile végétale raffinée

2 cuillères à soupe de beurre

1 gros oignon, râpé

6 gousses d'ail, écrasées

1 cuillère à café de piment en poudre

Pincée de curcuma

1 cuillère à café de garam massala

250g/9oz de cheddar, râpé

50 g de feuilles de coriandre finement hachées

Méthode

- Évidez les betteraves. Ne jetez pas les portions évidées. Mettre de côté.
- Mélanger 2 cuillères à soupe de yaourt, 2 cuillères à soupe de crème et du sel.
- Mélanger les betteraves évidées dans ce mélange pour bien les enrober.
- Faites cuire ces betteraves à la vapeur à feu moyen pendant 5 à 7 minutes. Mettre de côté.
- Mélanger les portions de betteraves évidées avec le gingembre, les petits pois, le jus de citron et le sel.
- Chauffer l'huile dans une casserole. Ajouter le mélange betterave-gingembre. Faire revenir à feu moyen pendant 4 à 5 minutes.
- Farcir les betteraves cuites à la vapeur avec ce mélange. Mettre de côté.
- Faites chauffer le beurre dans une casserole. Ajoutez l'oignon et l'ail. Faites-les revenir à feu moyen jusqu'à ce que l'oignon devienne translucide.
- Ajouter le reste de crème, la poudre de piment, le curcuma et le garam masala. Bien mélanger. Cuire 4-5 minutes.
- Ajouter les betteraves farcies, le reste de yaourt et le fromage. Laisser mijoter 2-3 minutes et ajouter les feuilles de coriandre. Servir chaud.

Baghara Baingan

(Aubergine piquante et acidulée)

Pour 4 personnes

Ingrédients

1 cuillère à soupe de graines de coriandre

1 cuillère à soupe de graines de pavot

1 cuillère à soupe de graines de sésame

½ cuillère à café de graines de cumin

3 piments rouges secs

100g/3½oz de noix de coco fraîche, râpée

3 gros oignons, hachés finement

2.5 cm/1in racine de gingembre

5 cuillères à soupe d'huile végétale raffinée

500g/1lb 2oz d'aubergines, hachées

8 feuilles de curry

½ cuillère à café de curcuma

½ cuillère à café de piment en poudre

3 piments verts, coupés dans le sens de la longueur

8 feuilles de curry

1½ cuillère à café de pâte de tamarin

250 ml/8 fl oz d'eau

Sel au goût

Méthode

- Faites rôtir à sec les graines de coriandre, les graines de pavot, les graines de sésame, les graines de cumin et les piments rouges pendant 1 à 2 minutes. Mettre de côté.
- Broyer ensemble la noix de coco, 1 oignon et le gingembre pour former une pâte épaisse. Mettre de côté.
- Faites chauffer la moitié de l'huile dans une casserole. Ajouter les aubergines. Faites-les revenir à feu moyen pendant 5 minutes en les retournant de temps en temps. Égouttez-les et mettez-les de côté.
- Faites chauffer le reste d'huile dans une casserole. Ajouter les feuilles de curry et les oignons restants. Faites-les revenir à feu moyen jusqu'à ce que les oignons brunissent.
- Ajouter la pâte de noix de coco. Faire sauter pendant une minute.
- Ajouter les ingrédients restants. Bien mélanger. Cuire à feu doux pendant 3-4 minutes.
- Ajouter le mélange graines de coriandre grillées à sec et graines de pavot. Bien mélanger. Continuer la cuisson 2-3 minutes.
- Ajouter les aubergines frites. Remuez soigneusement le mélange. Cuire 3-4 minutes. Servir chaud.

Kofta de carottes à la vapeur

Pour 4 personnes

Ingrédients

2 cuillères à soupe d'huile végétale raffinée

2 gros oignons, râpés

6 tomates, hachées finement

1 cuillère à soupe de yaourt

1 cuillère à café de garam massala

Pour le kofta :

2 grosses carottes, râpées

125g/4½oz besan*

125g/4½oz de farine complète

150g/5½oz de blé concassé

1 cuillère à café de garam massala

½ cuillère à café de curcuma

1 cuillère à café de piment en poudre

cuillère à café d'acide citrique

½ cuillère à café de bicarbonate de soude

2 cuillères à café d'huile végétale raffinée

Sel au goût

Pour la pâte :

3 cc de graines de coriandre

1 cuillère à café de graines de cumin

4 grains de poivre noir

3 clous de girofle

5cm/2in cannelle

2 gousses de cardamome verte

3 cuillères à café de noix de coco fraîche, râpée

6 piments rouges

Sel au goût

2 cuillères à soupe d'eau

Méthode

- Pétrir tous les ingrédients de la kofta avec suffisamment d'eau pour obtenir une pâte molle. Divisez la pâte en boules de la taille d'une noix.
- Cuire les boules à la vapeur à feu moyen pendant 7 à 8 minutes. Mettre de côté.
- Mélanger tous les ingrédients de la pâte sauf l'eau. Rôtir à sec le mélange à feu moyen pendant 2-3 minutes.
- Ajouter de l'eau au mélange et broyer pour former une pâte lisse. Mettre de côté.
- Chauffer l'huile dans une casserole. Ajouter les oignons râpés. Faites frire à feu moyen jusqu'à ce qu'ils deviennent translucides.
- Ajouter les tomates, le yaourt, le garam masala et la pâte moulue. Faire revenir le mélange pendant 2-3 minutes.
- Ajouter les boules cuites à la vapeur. Bien mélanger. Cuire le mélange à feu doux pendant 3-4 minutes, en remuant à intervalles réguliers. Servir chaud.

Dhingri Shabnam

(Boulettes de Paneer Farcies aux Champignons)

Pour 4 personnes

Ingrédients

450g/1lb de pain*

125g/4½oz de farine blanche nature

60 ml d'eau

Huile végétale raffinée et extra pour la friture

cc de garam masala

Pour le remplissage:

100g/3½oz de champignons de Paris

1 cc de beurre non salé

8 noix de cajou, hachées

16 raisins secs

2 cuillères à soupe de khoya*

1 cuillère à soupe de panure*

1 cuillère à soupe de feuilles de coriandre, hachées finement

1 piment vert, haché

Pour la sauce:

2 cuillères à soupe d'huile végétale raffinée

cc de graines de fenugrec

1 oignon, haché finement

1 cuillère à café de pâte d'ail

1 cuillère à café de pâte de gingembre

cc de curcuma

7-8 noix de cajou, moulues

Yaourt 50g/1¾oz

1 gros oignon, réduit en pâte

750 ml/1¼ pintes d'eau

Sel au goût

Méthode

- Pétrir le paneer et la farine avec 60 ml d'eau pour former une pâte molle. Divisez la pâte en 8 boules. Aplatir en disques. Mettre de côté.
- Pour la garniture, émincer les champignons.
- Faites chauffer le beurre dans une poêle. Ajouter les champignons émincés. Faites-les revenir à feu moyen pendant une minute.
- Retirer du feu et mélanger avec le reste des ingrédients de la garniture.
- Divisez ce mélange en 8 portions égales.
- Placer une portion de garniture sur chaque disque de farine de paneer. Sceller dans des sachets et lisser en boules pour faire les koftas.

- Faites chauffer l'huile de friture dans une poêle. Ajoutez les koftas. Faites-les frire à feu moyen jusqu'à ce qu'ils soient dorés. Égouttez-les et mettez-les de côté.
- Pour la sauce, faites chauffer 2 cuillères à soupe d'huile dans une casserole. Ajouter les graines de fenugrec. Laissez-les crachoter pendant 15 secondes.
- Ajouter l'oignon. Faire revenir à feu moyen jusqu'à ce qu'il soit translucide.
- Ajouter le reste des ingrédients de la sauce. Bien mélanger. Laisser mijoter 8-10 minutes.
- Retirer du feu et filtrer la sauce à travers une passoire à soupe dans une casserole séparée.
- Ajouter délicatement les koftas à la sauce égouttée.
- Laisser mijoter ce mélange pendant 5 minutes en remuant doucement.
- Saupoudrer le garam masala sur le dhingri shabnam. Servir chaud.

Xacutti aux champignons

(Champignon épicé au curry de Goan)

Pour 4 personnes

Ingrédients

4 cuillères à soupe d'huile végétale raffinée

3 piments rouges

2 gros oignons, hachés finement

1 noix de coco, râpée

2 cuillères à café de graines de coriandre

4 grains de poivre noir

½ cuillère à café de curcuma

1 cc de graines de pavot

2,5 cm/1 po de cannelle

2 clous de girofle

2 gousses de cardamome verte

½ cuillère à café de graines de cumin

½ cuillère à café de graines de fenouil

5 gousses d'ail, écrasées

Sel au goût

2 tomates, hachées finement

1 cuillère à café de pâte de tamarin

500g/1lb 2oz de champignons, hachés

1 cuillère à soupe de feuilles de coriandre, hachées finement

Méthode

- Faites chauffer 3 cuillères à soupe d'huile dans une casserole. Ajouter les piments rouges. Faites-les revenir à feu moyen pendant 20 secondes.
- Ajouter les oignons et la noix de coco. Faites frire le mélange jusqu'à ce qu'il devienne brun. Mettre de côté.
- Faites chauffer une casserole. Ajouter les graines de coriandre, les grains de poivre, le curcuma, les graines de pavot, la cannelle, les clous de girofle, la cardamome, les graines de cumin et les graines de fenouil. Rôtir à sec le mélange pendant 1-2 minutes, en remuant constamment.
- Ajouter l'ail et le sel. Bien mélanger. Rôtir à sec pendant encore une minute. Retirer du feu et broyer pour former un mélange lisse.
- Faites chauffer l'huile restante. Ajouter les tomates et la pâte de tamarin. Faites revenir ce mélange à feu moyen pendant une minute.
- Ajouter les champignons. Faire revenir 2-3 minutes.
- Ajouter le mélange graines de coriandre-grains de poivre et le mélange oignon-noix de coco. Bien mélanger. Faire revenir à feu doux pendant 3-4 minutes.
- Garnir le xacutti de champignons avec les feuilles de coriandre. Servir chaud.

Paneer & Curry de Maïs

Pour 4 personnes

Ingrédients

3 clous de girofle

2,5 cm/1 po de cannelle

3 grains de poivre noir

1 cuillère à soupe de noix de cajou cassées

1 cuillère à soupe de graines de pavot

3 cuillères à soupe de lait chaud

2 cuillères à soupe d'huile végétale raffinée

1 gros oignon, râpé

2 feuilles de laurier

½ cuillère à café de pâte de gingembre

½ cuillère à café de pâte d'ail

1 cuillère à café de piment rouge en poudre

4 tomates, en purée

125g/4½oz de yaourt, fouetté

2 cuillères à soupe de crème liquide

1 cuillère à café de sucre

½ cuillère à café de garam masala

Panneau de 250g/9oz*, haché

200g/7oz de grains de maïs doux, cuits

Sel au goût

2 cuillères à soupe de feuilles de coriandre

Méthode

- Broyer ensemble les clous de girofle, la cannelle et les grains de poivre en une poudre fine. Mettre de côté.
- Faire tremper les noix de cajou et les graines de pavot dans le lait chaud pendant 30 minutes. Mettre de côté.
- Chauffer l'huile dans une casserole. Ajouter l'oignon et les feuilles de laurier. Faites-les revenir à feu moyen pendant une minute.
- Ajouter la poudre de clou de girofle-cannelle-poivre moulu et le mélange de lait noix de cajou-pavot.
- Ajouter la pâte de gingembre, la pâte d'ail et la poudre de piment rouge. Bien mélanger. Frire pendant une minute.
- Ajouter les tomates. Faites revenir le mélange à feu doux pendant 2-3 minutes.
- Ajouter le yaourt, la crème, le sucre, le garam masala, le paneer, les grains de maïs et le sel. Remuez soigneusement le mélange. Cuire à feu doux pendant 7 à 8 minutes en remuant à intervalles réguliers.
- Garnir le curry de feuilles de coriandre. Servir chaud.

Basant Bahar

(Tomates vertes épicées en sauce)

Pour 4 personnes

Ingrédients

500g/1lb 2oz de tomates vertes

1 cuillère à café d'huile végétale raffinée

Pincée d'asafoetida

3 petits oignons, hachés finement

10 gousses d'ail écrasées

250g/9oz de besan*

1 cc de graines de fenouil

1 cc de coriandre moulue

cc de curcuma

cc de garam masala

½ cuillère à café de piment en poudre

1 cc de jus de citron

Sel au goût

Pour la sauce:

3 oignons, rôtis

2 tomates, rôties

1 cm de racine de gingembre

2 piments verts

1 cc de yaourt

1 cuillère à café de crème liquide

Pincée d'asafoetida

1 cuillère à café de graines de cumin

2 feuilles de laurier

Sel au goût

2 cuillères à café d'huile végétale raffinée

150g/5½oz de fromage de chèvre à pâte molle, émietté

1 cuillère à soupe de feuilles de coriandre, hachées finement

Méthode

- Avec un couteau, faites une croix sur la moitié supérieure d'une tomate et fendez-la en laissant la moitié inférieure intacte. Répétez cette opération pour toutes les tomates. Mettre de côté.
- Chauffer l'huile dans une casserole. Ajouter l'asafoetida. Laissez-le crachoter pendant 10 secondes.
- Ajouter les oignons et l'ail. Faites-les revenir à feu moyen jusqu'à ce que les oignons deviennent translucides.

- Ajouter le besan, les graines de fenouil, la coriandre moulue, le curcuma, le garam masala et la poudre de piment. Continuez à faire frire pendant 1-2 minutes.

- Ajouter le jus de citron et le sel. Bien mélanger. Retirer du feu et farcir ce mélange dans les tomates tranchées. Réserver les tomates farcies.
- Broyer ensemble tous les ingrédients de la sauce sauf l'huile, le fromage de chèvre et les feuilles de coriandre en une pâte lisse. Mettre de côté.
- Faites chauffer 1 cuillère à café d'huile. Ajouter le fromage de chèvre. Faites-le frire à feu moyen jusqu'à ce qu'il devienne brun doré. Mettre de côté.
- Faites chauffer le reste de l'huile dans une autre casserole. Ajouter la pâte de sauce moulue. Cuire le mélange à feu moyen pendant 4 à 5 minutes en remuant à intervalles réguliers.
- Ajouter les tomates farcies. Bien mélanger. Couvrir la casserole avec un couvercle et cuire le mélange à feu moyen pendant 4-5 minutes.
- Saupoudrer les feuilles de coriandre et le fromage de chèvre frit sur le bahar basant. Servir chaud.

Palak Kofta

(Dumplings aux épinards en sauce)

Pour 4 personnes

Ingrédients

Pour le kofta :

300g/10oz d'épinards, hachés finement

1 cm de racine de gingembre

1 piment vert

1 gousse d'ail

Sel au goût

½ cuillère à café de garam masala

30g de fromage de chèvre égoutté

2 cuillères à soupe de besan*, rôti

4 cuillères à soupe d'huile végétale raffinée et un peu plus pour la friture

Pour la sauce:

½ cuillère à café de graines de cumin

2.5 cm/1in racine de gingembre

2 gousses d'ail

cc de graines de coriandre

2 petits oignons, moulus

Pincée de piment en poudre

cc de curcuma

½ tomate, en purée

Sel au goût

120 ml d'eau

2 cuillères à soupe de crème liquide

1 cuillère à soupe de feuilles de coriandre finement hachées

Méthode

- Pour préparer les koftas, mélanger les épinards, le gingembre, le piment vert, l'ail et le sel dans une casserole. Cuire ce mélange à feu moyen pendant 15 minutes. Égoutter et broyer en une pâte lisse.
- Pétrir cette pâte avec tous les ingrédients restants de la kofta, à l'exception de l'huile, en une pâte ferme. Divisez cette pâte en boules de la taille d'une noix.
- Faites chauffer l'huile de friture dans une casserole. Ajoutez les boules. Faites-les frire à feu moyen jusqu'à ce qu'ils soient dorés. Égouttez-les et mettez-les de côté.
- Pour préparer la sauce, broyer ensemble les graines de cumin, le gingembre, l'ail et les graines de coriandre. Mettre de côté.
- Faites chauffer 4 cuillères à soupe d'huile dans une casserole. Ajouter les oignons moulus. Faire frire à feu

doux jusqu'à coloration. Ajouter la pâte de cumin-gingembre. Frire encore une minute.

- Ajouter la poudre de piment, le curcuma et la purée de tomates. Bien mélanger. Continuez à faire frire pendant 2-3 minutes.
- Ajouter le sel et l'eau. Bien mélanger. Couvrir avec un couvercle et laisser mijoter 5 à 6 minutes en remuant à intervalles réguliers.
- Découvrir et ajouter les koftas. Laisser mijoter encore 5 minutes.
- Garnir avec la crème et les feuilles de coriandre. Servir chaud.

Chou Kofta

(Boulettes de chou en sauce)

Pour 4 personnes

Ingrédients

Pour le kofta :

100g/3½oz de chou, râpé

4 grosses pommes de terre, bouillies

1 cuillère à café de graines de cumin

1 cuillère à café de pâte de gingembre

2 piments verts, hachés finement

1 cc de jus de citron

Sel au goût

Huile végétale raffinée pour la friture

Pour la sauce:

1 cuillère à soupe de beurre

3 petits oignons, hachés finement

4 gousses d'ail

4-6 tomates, hachées finement

cc de curcuma

1 cuillère à café de piment en poudre

1 cuillère à café de sucre

250 ml/8 fl oz d'eau

Sel au goût

1 cuillère à soupe de feuilles de coriandre, hachées finement

Méthode

- Pétrir ensemble tous les ingrédients de la kofta, à l'exception de l'huile pour former une pâte molle. Divisez la pâte en boules de la taille d'une noix.
- Chauffer l'huile dans une casserole. Faites frire les boules à feu moyen jusqu'à ce qu'elles soient dorées. Égoutter et réserver.
- Pour préparer la sauce, faites chauffer le beurre dans une casserole. Ajouter les oignons et l'ail. Faites-les frire à feu moyen jusqu'à ce qu'elles soient dorées.
- Ajouter les tomates, le curcuma et la poudre de piment. Faire revenir le mélange pendant 4 à 5 minutes.
- Ajouter le sucre, l'eau et le sel. Bien mélanger. Couvrir avec un couvercle et laisser mijoter pendant 6-7 minutes.
- Ajouter les boules de kofta frites. Laisser mijoter 5 à 6 minutes.
- Garnir la kofta de chou avec les feuilles de coriandre. Servir chaud.

Koottu

(Curry de bananes non mûres)

Pour 4 personnes

Ingrédients

2 cuillères à soupe de noix de coco fraîche, râpée

½ cuillère à café de graines de cumin

2 piments verts

1 cuillère à soupe de riz à grains longs, trempé pendant 15 minutes

500 ml/16 fl oz d'eau

200 g de banane non mûre, pelée et coupée en dés

Sel au goût

2 cuillères à café d'huile de noix de coco

½ cuillère à café de graines de moutarde

½ cuillère à café d'urad dhal*

Pincée d'asafoetida

8-10 feuilles de curry

Méthode

- Broyer ensemble la noix de coco, les graines de cumin, les piments verts et le riz avec 4 cuillères à soupe d'eau pour former une pâte lisse. Mettre de côté.
- Mélanger la banane avec le reste d'eau et de sel. Cuire ce mélange dans une casserole à feu moyen pendant 10-12 minutes.
- Ajouter la pâte de graines de coco-cumin. Cuire 2-3 minutes. Mettre de côté.
- Chauffer l'huile dans une casserole. Ajouter les graines de moutarde, l'urad dhal, l'asafoetida et les feuilles de curry. Laissez-les crachoter pendant 30 secondes.
- Versez ce mélange dans le curry de banane. Bien mélanger. Servir chaud.

REMARQUE: *Vous pouvez également remplacer la banane non mûre par une courge cendrée blanche ou une courge serpent.*

Beurre de Paneer Masala

Pour 4 personnes

Ingrédients

Huile végétale raffinée pour la friture

500g/1lb 2oz paneer*, haché

1 grosse carotte, hachée finement

100g/3½oz de haricots verts, hachés finement

200g/7oz de petits pois surgelés

3 piments verts, moulus

Sel au goût

1 cuillère à soupe de feuilles de coriandre, hachées finement

Pour la sauce:

2.5 cm/1in racine de gingembre

4 gousses d'ail

4 piments verts

1 cuillère à café de graines de cumin

3 cuillères à soupe de beurre

2 petits oignons, râpés

4 tomates, en purée

1 cuillère à café de fécule de maïs

300g de yaourt

2 cuillères à café de sucre

½ cuillère à café de garam masala

250 ml/8 fl oz d'eau

Sel au goût

Méthode

- Chauffer l'huile dans une casserole. Ajoutez les morceaux de paneer. Faites-les frire à feu moyen jusqu'à ce qu'ils soient dorés. Égouttez-les et mettez-les de côté.
- Mélanger la carotte, les haricots verts et les petits pois ensemble. Cuire ce mélange à la vapeur à feu moyen pendant 8 à 10 minutes.
- Ajouter les piments verts et le sel. Bien mélanger. Mettre de côté.
- Pour préparer la sauce, broyer ensemble le gingembre, l'ail, les piments verts et les graines de cumin en une pâte lisse.
- Faites chauffer le beurre dans une casserole. Ajouter les oignons. Faites-les frire à feu moyen jusqu'à ce qu'ils deviennent translucides.
- Ajouter la pâte gingembre-ail et les tomates. Frire encore une minute.
- Ajouter la fécule de maïs, le yaourt, le sucre, le garam masala, l'eau et le sel. Remuez le mélange pendant 4-5 minutes.
- Ajouter le mélange de légumes cuits à la vapeur et le paneer frit. Bien mélanger. Couvrir avec un couvercle et cuire le mélange à feu doux pendant 2-3 minutes.

- Garnir le masala au beurre de paneer avec les feuilles de coriandre. Servir chaud.

Mor Kolambu

(Légumes mélangés à l'indienne du sud)

Pour 4 personnes

Ingrédients

2 cuillères à café d'huile de noix de coco

2 aubergines moyennes coupées en dés

2 pilons indiens*, haché

100g/3½oz de citrouille*, coupée en dés

100g/3½oz de gombo

Sel au goût

200g/7oz de yaourt

250 ml/8 fl oz d'eau

10 feuilles de curry

Pour le mélange d'épices :

2 cuillères à soupe de mung dhal*, trempé pendant 10 minutes

1 cuillère à soupe de graines de coriandre

½ cuillère à café de graines de cumin

4-5 graines de fenugrec

½ cuillère à café de graines de moutarde

½ cuillère à café de riz basmati

2 cuillères à café de noix de coco fraîche, râpée

Méthode

- Mélanger tous les ingrédients du mélange d'épices ensemble. Mettre de côté.
- Faites chauffer l'huile de coco dans une casserole. Ajouter les aubergines, les pilons, le potiron, le gombo et le sel. Faites frire ce mélange à feu moyen pendant 4 à 5 minutes.
- Ajouter le mélange d'épices. Faire sauter pendant 4-5 minutes.
- Ajouter le yaourt et l'eau. Bien mélanger. Couvrir avec un couvercle et laisser mijoter 7-8 minutes.
- Garnir le mor kolambu avec les feuilles de curry. Servir chaud.

Aloo Gobhi aur Methi ka Tuk

(Pomme de terre style Sindhi, chou-fleur et fenugrec)

Pour 4 personnes

Ingrédients

500 ml/16 fl oz d'eau

Sel au goût

4 grosses pommes de terre non pelées, coupées en morceaux de 5 cm/2 po

20g/¾oz de feuilles de fenugrec fraîches

3 cuillères à soupe d'huile végétale raffinée

1 cuillère à soupe de graines de moutarde

2-4 feuilles de curry

1 cuillère à soupe de pâte de gingembre

1 cuillère à café de pâte d'ail

800 g de bouquets de chou-fleur

1 cuillère à café de piment en poudre

1 cuillère à café d'amchoor*

½ cuillère à café de cumin moulu

½ cuillère à café de poivre noir grossièrement moulu

Grosse pincée de feuilles de fenugrec séchées

2 cuillères à soupe de graines de grenade fraîches

Méthode

- Mettez l'eau dans une casserole, salez et portez à ébullition.
- Ajouter les pommes de terre et les cuire jusqu'à ce qu'elles soient tendres. Égoutter les pommes de terre et les mettre de côté.
- Frotter les feuilles de fenugrec fraîches avec du sel pour réduire leur amertume. Laver et égoutter les feuilles. Mettre de côté.
- Chauffer l'huile dans une casserole. Ajouter les graines de moutarde et les feuilles de curry. Laissez-les crachoter pendant 15 secondes.
- Ajouter la pâte de gingembre et la pâte d'ail. Faire revenir le mélange à feu moyen pendant une minute.
- Ajouter les bouquets de chou-fleur, la poudre de piment, l'amchoor, le cumin moulu, le poivre et les feuilles de fenugrec séchées. Continuez à faire frire pendant 3-4 minutes.
- Ajouter les pommes de terre et les feuilles de fenugrec fraîches. Faites revenir le mélange à feu doux pendant 7 à 8 minutes.
- Garnir avec les graines de grenade. Servir chaud.

Avion

(Légumes mélangés du sud de l'Inde)

Pour 4 personnes

Ingrédients

400g/14oz de yaourt nature

1 cuillère à café de graines de cumin

100g/3½oz de noix de coco fraîche, râpée

Sel au goût

4 cuillères à café de feuilles de coriandre, hachées finement

750 ml/1¼ pintes d'eau

100g/3½oz de citrouille*, hachée

200g/7oz de légumes surgelés mélangés

cc de curcuma

4 piments verts, coupés dans le sens de la longueur

120 ml d'huile végétale raffinée

cc de graines de moutarde

10 feuilles de curry

Pincée d'asafoetida

2 piments rouges séchés

Méthode

- Fouettez le yaourt avec les graines de cumin, la noix de coco, le sel, les feuilles de coriandre et 250 ml d'eau. Mettre de côté.
- Mélangez la citrouille et les légumes mélangés avec le sel, 500 ml d'eau et le curcuma dans une casserole profonde. Cuire ce mélange à feu moyen pendant 10-15 minutes. Mettre de côté.
- Ajouter le mélange de yaourt et les piments verts et laisser mijoter 10 minutes en remuant fréquemment. Mettre de côté.
- Chauffer l'huile dans une casserole. Ajouter les ingrédients restants. Laissez-les crachoter pendant 30 secondes.
- Versez-le dans le mélange de légumes. Bien mélanger. Laisser mijoter 1 à 2 minutes.
- Servir chaud.

Curry au babeurre

Pour 4 personnes

Ingrédients

Yaourt 400g/14oz

250 ml/8 fl oz d'eau

3 cuillères à café de besan*

2 piments verts, coupés dans le sens de la longueur

10 feuilles de curry

Sel au goût

1 cuillère à soupe de ghee

½ cuillère à café de graines de cumin

6 gousses d'ail, écrasées

2 clous de girofle

2 piments rouges

Pincée d'asafoetida

½ cuillère à café de curcuma

1 cuillère à café de piment en poudre

2 cuillères à soupe de feuilles de coriandre, hachées finement

Méthode

- Mélangez soigneusement le yaourt, l'eau et le besan dans une casserole. Assurez-vous qu'aucun grumeau ne se forme.
- Ajouter les piments verts, les feuilles de curry et le sel. Cuire ce mélange à feu doux pendant 5 à 6 minutes en remuant de temps en temps. Mettre de côté.
- Faites chauffer le ghee dans une casserole. Ajouter les graines de cumin et l'ail. Faites-les revenir à feu moyen pendant une minute.
- Ajouter les clous de girofle, les piments rouges, l'asafoetida, le curcuma et la poudre de piment. Bien mélanger. Faites frire ce mélange pendant 1 minute.
- Versez le tout dans le yaourt au curry. Laisser mijoter 4-5 minutes.
- Garnir le curry de feuilles de coriandre. Servir chaud.

Curry à la crème de chou-fleur

Pour 4 personnes

Ingrédients

1 cuillère à café de graines de cumin

3 piments verts, coupés dans le sens de la longueur

1 cm/½ po de racine de gingembre, râpé

150g/5½oz de ghee

500g/1lb 2oz de fleurons de chou-fleur

3 grosses pommes de terre, coupées en dés

2 tomates, hachées finement

125g/4½oz de petits pois surgelés

2 cuillères à café de sucre

750 ml/1¼ pintes d'eau

Sel au goût

250 ml/8 fl oz de crème liquide

1 cuillère à café de garam massala

25 g/peu de feuilles de coriandre, hachées finement

Méthode

- Broyer les graines de cumin, les piments verts et le gingembre en une pâte. Mettre de côté.
- Faites chauffer le ghee dans une casserole. Ajouter le chou-fleur et les pommes de terre. Faites-les frire à feu moyen jusqu'à ce qu'ils soient dorés.
- Ajouter la pâte de cumin-piment. Faire frire 2-3 minutes.
- Ajouter les tomates et les petits pois. Bien mélanger. Faites frire ce mélange pendant 3-4 minutes.
- Ajouter le sucre, l'eau, le sel et la crème. Bien mélanger. Couvrir avec un couvercle et laisser mijoter 10-12 minutes.
- Saupoudrer le garam masala et les feuilles de coriandre sur le curry. Servir chaud.

Pois Usal

(Pois Masala)

Pour 3 personnes

Ingrédients

1 cuillère à soupe d'huile végétale raffinée

cc de graines de moutarde

cc de graines de cumin

¼ cc de piment en poudre

cc de garam masala

2 piments verts, coupés dans le sens de la longueur

500g/1lb 2oz de pois frais

2 cuillères à soupe d'eau

Sel au goût

1 cuillère à soupe de noix de coco fraîche, râpée

10 g/¼oz de feuilles de coriandre, finement hachées

Méthode

- Chauffer l'huile dans une casserole. Ajouter les graines de moutarde et les graines de cumin. Laissez-les crachoter pendant 15 secondes.
- Ajouter la poudre de piment, le garam masala et les piments verts. Faire revenir le mélange à feu moyen pendant une minute.
- Ajouter les petits pois, l'eau et le sel. Bien mélanger. Cuire le mélange à feu doux pendant 7-8 minutes.
- Décorez avec les feuilles de noix de coco et de coriandre. Servir chaud.

Aloo Posto

(Pomme de terre aux graines de pavot)

Pour 4 personnes

Ingrédients

2 cuillères à soupe d'huile de moutarde

1 cuillère à café de graines de cumin

4 cuillères à soupe de graines de pavot, moulues

4 piments verts, hachés

½ cuillère à café de curcuma

Sel au goût

6 pommes de terre, bouillies et coupées en dés

2 cuillères à soupe de feuilles de coriandre, hachées finement

Méthode

- Chauffer l'huile dans une casserole. Ajouter les graines de cumin. Laissez-les crachoter pendant 15 secondes.
- Ajouter les graines de pavot moulues, les piments verts, le curcuma et le sel. Faire revenir le mélange quelques secondes.
- Ajouter les pommes de terre. Bien mélanger. Faites frire le mélange pendant 3-4 minutes.
- Décorez avec les feuilles de coriandre. Servir chaud.

Palak Paneer

(Paneer à la sauce aux épinards)

Pour 4 personnes

Ingrédients

1 cuillère à soupe d'huile végétale raffinée

Paneer 50g/1¾oz*, en dés

1 cuillère à café de graines de cumin

1 piment vert, fendu dans le sens de la longueur

1 petit oignon, haché finement

200g/7oz d'épinards, cuits à la vapeur et moulus

1 cc de jus de citron

Sucre au goût

Sel au goût

Méthode

- Chauffer l'huile dans une casserole. Ajouter le paneer et faire frire jusqu'à ce qu'il soit doré. Égoutter et réserver.
- À la même huile, ajouter les graines de cumin, le piment vert et l'oignon. Faites-les revenir à feu moyen jusqu'à ce que l'oignon brunisse.
- Ajouter les ingrédients restants. Remuez soigneusement le mélange. Cuire 5 minutes.
- Laissez ce mélange refroidir un moment. Broyer en une pâte grossière dans un robot culinaire.
- Transférer dans une casserole et ajouter les morceaux de paneer frits. Remuer légèrement. Cuire à feu doux pendant 3-4 minutes. Servir chaud.

Matar Paneer

(Pois et Paneer)

Pour 4 personnes

Ingrédients

1½ cuillère à soupe de ghee

Panneau de 250g/9oz*, haché

2 feuilles de laurier

½ cuillère à café de piment en poudre

cc de curcuma

1 cc de coriandre moulue

½ cuillère à café de cumin moulu

400g/14oz de petits pois cuits

2 grosses tomates, blanchies

5 noix de cajou, réduites en pâte

2 cuillères à soupe de yaourt grec

Sel au goût

Méthode

- Faites chauffer la moitié du ghee dans une casserole. Ajouter les morceaux de paneer et les faire frire à feu moyen jusqu'à ce qu'ils soient dorés. Mettre de côté.
- Faites chauffer le reste du ghee dans une casserole. Ajouter les feuilles de laurier, la poudre de piment, le curcuma, la coriandre et le cumin. Laissez-les crachoter pendant 30 secondes.
- Ajouter les petits pois et les tomates. Faire frire 2-3 minutes.
- Ajouter la pâte de noix de cajou, le yaourt, le sel et les morceaux de paneer frits. Bien mélanger. Laisser mijoter le mélange pendant 10 minutes, en remuant de temps en temps. Servir chaud.

Dahi Karela

(Gourde amère frite dans un yaourt)

Pour 4 personnes

Ingrédients

250g/9oz de courge amère*, épluché et fendu dans le sens de la longueur

Sel au goût

1 cuillère à café d'amchoor*

2 cuillères à soupe d'huile végétale raffinée et un peu plus pour la friture

2 gros oignons, hachés finement

½ cuillère à café de pâte d'ail

½ cuillère à café de pâte de gingembre

Yaourt 400g/14oz

1½ cuillère à café de coriandre moulue

1 cuillère à café de piment en poudre

½ cuillère à café de curcuma

½ cuillère à café de garam masala

250 ml/8 fl oz d'eau

Méthode

- Faire mariner la courge amère avec le sel et l'amchoor pendant une heure. Faites chauffer l'huile de friture dans une casserole. Ajoutez la gourde. Faire frire à feu moyen jusqu'à coloration dorée. Égoutter et réserver.
- Faites chauffer 2 cuillères à soupe d'huile dans une casserole. Ajouter les oignons, la pâte d'ail et la pâte de gingembre. Faire revenir à feu moyen jusqu'à ce que les oignons soient dorés.
- Ajouter le reste des ingrédients et la courge amère. Bien mélanger. Cuire le mélange à feu doux pendant 7-8 minutes. Servir chaud.

Curry de tomates aux légumes

Pour 4 personnes

Ingrédients

3 cuillères à soupe d'huile végétale raffinée

Pincée de graines de moutarde

Pincée de graines de cumin

Pincée d'asafoetida

8 feuilles de curry

4 piments verts, hachés finement

200g/7oz de légumes surgelés mélangés

750g/1lb 10oz de tomates, en purée

4 cuillères à soupe de besan*

Sel au goût

Méthode

- Chauffer l'huile dans une casserole. Ajouter les graines de moutarde, les graines de cumin, l'asafoetida, les feuilles de curry et les piments. Laissez-les crachoter pendant 15 secondes.
- Ajouter les légumes, la purée de tomates, le besan et le sel. Bien mélanger. Cuire à feu doux pendant 8 à 10 minutes en remuant de temps en temps. Servir chaud.

Doodhi avec Chana Dhal

(Bouteille Gourde en Gram Dhal)

Pour 4 personnes

Ingrédients

1 cuillère à café d'huile végétale raffinée

cc de graines de moutarde

Gourde bouteille 500g/1lb 2oz*, en dés

1 cuillère à soupe de chana dhal*, trempé pendant 1 heure et égoutté

2 tomates, hachées finement

Pincée de curcuma

2 cuillères à café de jaggery*, râpé

½ cuillère à café de piment en poudre

Sel au goût

120 ml d'eau

10 g/¼oz de feuilles de coriandre, finement hachées

Méthode

- Chauffer l'huile dans une casserole. Ajouter les graines de moutarde. Laissez-les crachoter pendant 15 secondes.
- Ajouter le reste des ingrédients, sauf l'eau et les feuilles de coriandre. Bien mélanger. Frire pendant 4-5 minutes. Ajouter l'eau. Laisser mijoter pendant 30 minutes.
- Décorez avec les feuilles de coriandre. Servir chaud.

Tomate chi Bhaji*

(Tomate Curry)

Pour 4 personnes

Ingrédients

250g/9oz de cacahuètes grillées

3 piments verts

6 grosses tomates, blanchies et tranchées

1½ cuillère à soupe de pâte de tamarin

1 cuillère à soupe de jaggery*, râpé

1 cuillère à café de garam massala

1 cuillère à café de cumin moulu

½ cuillère à café de piment en poudre

Sel au goût

1 cuillère à soupe de feuilles de coriandre, hachées finement

Méthode

- Broyer ensemble les cacahuètes et les piments verts pour former une pâte lisse.
- Mélanger avec le reste des ingrédients, sauf les feuilles de coriandre. Cuire ce mélange dans une casserole à feu moyen pendant 5 à 6 minutes.

- Garnir le bhaji avec les feuilles de coriandre. Servir chaud.

Pommes de terre sèches

Pour 4 personnes

Ingrédients

1 cuillère à soupe d'huile végétale raffinée

½ cuillère à café de graines de moutarde

3 piments verts, coupés dans le sens de la longueur

8-10 feuilles de curry

¼ cuillère à café d'asafoetida

cc de curcuma

Sel au goût

500g/1lb 2oz de pommes de terre, bouillies et coupées en dés

10 g/¼oz de feuilles de coriandre, finement hachées

Méthode

- Chauffer l'huile dans une casserole. Ajouter les graines de moutarde. Laissez-les crachoter pendant 15 secondes.
- Ajouter les piments verts, les feuilles de curry, l'asafoetida, le curcuma et le sel. Faites revenir ce mélange à feu moyen pendant une minute.
- Ajouter les pommes de terre. Bien mélanger. Couvrir avec un couvercle et cuire 5 minutes.

- Garnir le mélange de pommes de terre avec les feuilles de coriandre. Servir chaud.

Gombo farci

Pour 4 personnes

Ingrédients

1 cuillère à soupe de coriandre moulue

6 gousses d'ail

50 g de noix de coco fraîche, finement râpée

1 cm de racine de gingembre

4 piments verts

6 cuillères à soupe de besan*

1 gros oignon, haché finement

1 cuillère à café de cumin moulu

½ cuillère à café de piment en poudre

½ cuillère à café de curcuma

Sel au goût

750 g/1 lb 10 oz gros gombo, fendu à mi-cuisson

60 ml d'huile végétale raffinée

Méthode

- Broyer la coriandre, l'ail, la noix de coco, le gingembre et les piments verts en une pâte lisse. Mélanger cette pâte avec le reste des ingrédients, sauf le gombo et l'huile.
- Farcir ce mélange dans les okras.
- Faites chauffer l'huile dans une poêle. Ajouter le gombo farci. Faire frire à feu moyen jusqu'à ce qu'il brunisse, en retournant de temps en temps. Servir chaud.

Gombo masala

Pour 4 personnes

Ingrédients

2 cuillères à soupe d'huile végétale raffinée

2 gousses d'ail, hachées finement

½ cuillère à café de piment en poudre

cc de curcuma

½ cuillère à café de coriandre moulue

½ cuillère à café de cumin moulu

600g/1lb 5oz de gombo, haché

Sel au goût

Méthode

- Chauffer l'huile dans une casserole. Ajouter l'ail. Faire frire à feu moyen jusqu'à coloration. Ajouter le reste des ingrédients, sauf le gombo et le sel. Bien mélanger. Faites frire ce mélange pendant 1-2 minutes.
- Ajouter le gombo et le sel. Faire revenir le mélange à feu doux pendant 3-4 minutes. Servir chaud.

Simla Matar

(Poivre Vert et Pois Curry)

Pour 4 personnes

Ingrédients

2 cuillères à soupe d'huile végétale raffinée

3 petits oignons, hachés finement

2 piments verts, hachés finement

1 cuillère à café de pâte de gingembre

1 cuillère à café de pâte d'ail

2 gros poivrons verts, coupés en dés

600g/1lb 5oz de pois surgelés

250 ml/8 fl oz d'eau

Sel au goût

1 cuillère à soupe de noix de coco fraîche, râpée

½ cuillère à café de cannelle moulue

Méthode

- Chauffer l'huile dans une casserole. Ajouter les oignons. Faites-les frire à feu moyen jusqu'à ce qu'ils brunissent.
- Ajouter les piments verts, la pâte de gingembre et la pâte d'ail. Frire pendant 1-2 minutes.
- Ajouter les poivrons et les pois. Continuer à frire pendant 5 minutes.
- Ajouter l'eau et le sel. Bien mélanger. Couvrir avec un couvercle et laisser mijoter pendant 8 à 10 minutes.
- Garnir de noix de coco et de cannelle. Servir chaud.

Haricots verts

Pour 4 personnes

Ingrédients

3 cuillères à soupe d'huile végétale raffinée

cc de graines de cumin

cc de curcuma

½ cuillère à café de piment en poudre

1 cc de coriandre moulue

1 cuillère à café de cumin moulu

1 cuillère à café de sucre

Sel au goût

500g/1lb 2oz de haricots verts, hachés finement

120 ml d'eau

Méthode

- Chauffer l'huile dans une casserole. Ajouter les graines de cumin et le curcuma. Laissez-les crachoter pendant 15 secondes.
- Ajouter le reste des ingrédients, sauf l'eau. Bien mélanger.
- Ajouter l'eau. Couvrir avec un couvercle. Laisser mijoter 10-12 minutes. Servir chaud.

Pilons de Masala

Pour 4 personnes

Ingrédients

2 cuillères à soupe d'huile végétale raffinée

2 petits oignons, hachés finement

½ cuillère à café de pâte de gingembre

1 tomate, hachée finement

1 piment vert, haché finement

1 cuillère à café de cumin moulu

1 cc de coriandre moulue

½ cuillère à café de curcuma

¾ cc de piment en poudre

4 pilons indiens*, coupé en morceaux de 5 cm/2 po

Sel au goût

250 ml/8 fl oz d'eau

1 cuillère à soupe de feuilles de coriandre, hachées finement

Méthode

- Chauffer l'huile dans une casserole. Ajouter les oignons et la pâte de gingembre. Faites-les revenir à feu moyen jusqu'à ce que les oignons deviennent translucides.
- Ajouter le reste des ingrédients, sauf l'eau et les feuilles de coriandre. Bien mélanger. Faire frire 5 minutes. Ajouter l'eau. Bien mélanger. Couvrir avec un couvercle. Laisser mijoter 10-15 minutes.
- Garnir les baguettes de masala avec les feuilles de coriandre. Servir chaud.

Pomme De Terre Sèche Épicée

Pour 4 personnes

Ingrédients

750g/1lb 10oz de pommes de terre, bouillies et coupées en dés

½ cuillère à café de chaat masala*

½ cuillère à café de piment en poudre

cc de curcuma

3 cuillères à soupe d'huile végétale raffinée

1 cuillère à café de graines de sésame blanches

2 piments rouges secs, coupés en quatre

Sel au goût

½ cuillère à café de cumin moulu, rôti à sec

10 g/¼oz de feuilles de coriandre, finement hachées

Jus de ½ citron

Méthode

- Mélanger les pommes de terre avec le chaat masala, la poudre de piment et le curcuma jusqu'à ce que les épices enrobent les pommes de terre. Mettre de côté.
- Chauffer l'huile dans une casserole. Ajouter les graines de sésame et les piments rouges. Laissez-les crachoter pendant 15 secondes.
- Ajouter les pommes de terre et le sel. Bien mélanger. Cuire à feu doux pendant 7 à 8 minutes. Saupoudrer les ingrédients restants sur le dessus. Servir chaud.

Khatte Palak

(Épinard piquant)

Pour 4 personnes

Ingrédients

3 cuillères à soupe d'huile végétale raffinée

1 gros oignon, râpé

½ cuillère à café de pâte de gingembre

½ cuillère à café de pâte d'ail

400g/14oz d'épinards, finement hachés

2 piments verts, hachés finement

½ cuillère à café de curcuma

1 cuillère à café de cumin moulu

Sel au goût

125g/4½oz de yaourt, fouetté

Méthode

- Chauffer l'huile dans une casserole. Ajouter l'oignon, la pâte de gingembre et la pâte d'ail. Faire revenir ce mélange à feu moyen jusqu'à ce que les oignons soient translucides.
- Ajouter le reste des ingrédients, sauf le yaourt. Bien mélanger. Cuire à feu doux pendant 7 à 8 minutes.
- Ajouter le yaourt. Bien mélanger. Laisser mijoter 4-5 minutes. Servir chaud.

Légumes mélangés trois en un

Pour 4 personnes

Ingrédients

4 cuillères à soupe d'huile végétale raffinée

cc de graines de moutarde

cc de graines de fenugrec

300g/10oz de gombo, coupé en dés

2 poivrons verts, épépinés et hachés

2 tomates, hachées finement

2 gros concombres, hachés finement

½ cuillère à café de piment en poudre

cc de curcuma

Sel au goût

Méthode

- Chauffer l'huile dans une casserole. Ajouter la moutarde et les graines de fenugrec. Laissez-les crachoter pendant 15 secondes.
- Ajoutez le gombo. Faire revenir à feu moyen pendant 7 minutes. Ajouter les ingrédients restants. Bien mélanger. Cuire à feu doux pendant 5-6 minutes. Servir chaud.

Pomme de terre à la sauce au yaourt

Pour 4 personnes

Ingrédients

120 ml d'eau

3 cuillères à soupe d'huile végétale raffinée

1 cuillère à café de graines de cumin

1 cc de graines de moutarde

1 cm/½ po de racine de gingembre, râpé

2 gousses d'ail, écrasées

3 grosses pommes de terre, bouillies et hachées

200g/7oz de yaourt, fouetté

cc de farine complète

1 cuillère à café de sel

Pour le mélange d'épices :

1 cuillère à café de piment en poudre

½ cuillère à café de coriandre moulue

cc de curcuma

cc de garam masala

Pincée d'asafoetida

Méthode

- Mélanger les ingrédients du mélange d'épices avec la moitié de l'eau. Mettre de côté.
- Chauffer l'huile dans une casserole. Ajouter le cumin et les graines de moutarde. Laissez-les crachoter pendant 15 secondes. Ajouter le gingembre et l'ail. Faites-les revenir à feu moyen pendant une minute.
- Ajouter le mélange d'épices et tous les ingrédients restants. Bien mélanger. Laisser mijoter 10-12 minutes. Servir chaud.

Parsi Fish Sas

(Poisson cuit en sauce blanche)

Pour 4 personnes

Ingrédients

1 cuillère à soupe de farine de riz

1 cuillère à soupe de sucre

60 ml de vinaigre de malt

2 cuillères à soupe d'huile végétale raffinée

2 gros oignons, tranchés finement

½ cuillère à café de pâte de gingembre

½ cuillère à café de pâte d'ail

1 cuillère à café de cumin moulu

Sel au goût

250 ml/8 fl oz d'eau

8 filets de sole au citron

2 œufs, battus

Méthode

- Broyer la farine de riz avec le sucre et le vinaigre en une pâte. Mettre de côté.
- Chauffer l'huile dans une casserole. Faire revenir les oignons à feu doux jusqu'à coloration.
- Ajouter la pâte de gingembre, la pâte d'ail, le cumin moulu, le sel, l'eau et le poisson. Cuire à feu doux 25 minutes en remuant de temps en temps.
- Ajouter le mélange de farine et cuire une minute.
- Ajouter délicatement les œufs. Remuer pendant une minute. Garnir et servir chaud.

Peshawari Machhi

Pour 4 personnes

Ingrédients

3 cuillères à soupe d'huile végétale raffinée

1kg/2¼lb de saumon, tranché en steaks

2,5 cm de racine de gingembre, râpé

8 gousses d'ail écrasées

2 gros oignons, hachés

3 tomates, blanchies et hachées

1 cuillère à café de garam massala

Yaourt 400g/14oz

cc de curcuma

1 cuillère à café d'amchoor*

Sel au gout

Méthode

- Chauffer l'huile. Faire revenir le poisson à feu doux jusqu'à ce qu'il soit doré. Égoutter et réserver.

- Dans la même huile, ajouter le gingembre, l'ail et les oignons. Faire revenir à feu doux pendant 6 minutes. Ajouter le poisson frit et tous les ingrédients restants. Bien mélanger.
- Laisser mijoter 20 minutes et servir chaud.

Curry de crabe

Pour 4 personnes

Ingrédients

4 crabes de taille moyenne, nettoyés (voir techniques de cuisson)

Sel au goût

1 cuillère à café de curcuma

½ noix de coco, râpée

6 gousses d'ail

4-5 piments rouges

1 cuillère à soupe de graines de coriandre

1 cuillère à soupe de graines de cumin

1 cuillère à café de pâte de tamarin

3-4 piments verts, coupés dans le sens de la longueur

1 cuillère à soupe d'huile végétale raffinée

1 gros oignon, haché finement

Méthode

- Faire mariner les crabes avec le sel et le curcuma pendant 30 minutes.
- Broyer tous les ingrédients restants, à l'exception de l'huile et de l'oignon, avec suffisamment d'eau pour former une pâte lisse.
- Chauffer l'huile dans une casserole. Faites revenir la pâte moulue et l'oignon à feu doux jusqu'à ce que l'oignon soit brun. Ajouter un peu d'eau. Laisser mijoter 7 à 8 minutes en remuant de temps en temps. Ajouter les crabes marinés. Bien mélanger et laisser mijoter 5 minutes. Servir chaud.

Poisson moutarde

Pour 4 personnes

Ingrédients

8 cuillères à soupe d'huile de moutarde

4 truites, 250g/9oz chacune

2 cuillères à café de cumin moulu

2 cuillères à café de moutarde moulue

1 cc de coriandre moulue

½ cuillère à café de curcuma

120 ml d'eau

Sel au goût

Méthode

- Chauffer l'huile dans une casserole. Ajoutez le poisson et faites-le frire à feu moyen pendant 1 à 2 minutes. Retournez le poisson et répétez. Égoutter et réserver.
- À la même huile, ajouter le cumin moulu, la moutarde et la coriandre. Laissez-les crachoter pendant 15 secondes.
- Ajouter le curcuma, l'eau, le sel et le poisson frit. Bien mélanger et laisser mijoter 10-12 minutes. Servir chaud.

CPSIA information can be obtained
at www.ICGtesting.com
Printed in the USA
LVHW081122160322
713512LV00009B/203

9 781804 503294